ACCESO GRATIS a la Lectura en la Nube

Para visualizar el libro electrónico en la nube de lectura envíe junto a su nombre y apellidos una fotografía del código de barras situado en la contraportada del libro y otra del ticket de compra a la dirección:

AF606124

ebooktirant@tirant.c

En un máximo de 72 horas laborables le enviaremos el código de acceso con sus instrucciones.

EL CULTIVO DE CAÑAMO EN EL MARCO DE LA BIOECONOMÍA

Un camino para la transformación productiva, incluyente, rentable y sostenible del campo colombiano

Procedimiento de selección de originales, ver página web:
www.tirant.net/index.php/editorial/procedimiento-de-seleccion-de-originales

Fernando Casas Celis

EL CULTIVO DE CAÑAMO EN EL MARCO DE LA BIOECONOMÍA

Un camino para la transformación productiva, incluyente, rentable y sostenible del campo colombiano

tirant humanidades
Bogotá D.C., 2024

En caso de erratas y actualizaciones, la Editorial Tirant lo Blanch publicará la pertinente corrección en la página web www.tirant.com

© TIRANT LO BLANCH
EDITA: TIRANT HUMANIDADES
Calle 11 # 2-16 (Bogotá D.C.)
Telf.: 4660171
Email: tlb@tirant.com
Librería virtual: www.tirant.com/co/
ISBN: 978-84-1183-882-5

Si tiene alguna queja o sugerencia, envíenos un mail a: *atencioncliente@tirant.com*. En caso de no ser atendida su sugerencia, por favor, lea en *www.tirant.net/index.php/empresa/politicas-de-empresa* nuestro procedimiento de quejas.
Responsabilidad Social Corporativa: *http://www.tirant.net/Docs/RSCTirant.pdf*

Índice

Agradecimientos

A mis socios y amigos Carlos Andrés Guzmán y Ricardo Garzón un reconocimiento especial por su tenacidad, compromiso, dedicación y esfuerzo en los emprendimientos que adelantamos en la producción agrícola del cáñamo para uso industrial con altos estándares tecnológicos y un profundo sentido social, agradezco a la vida que se encargó de unirnos en el sueño de trabajar en la construcción por un mundo mejor.

A la contribución de Sebastián Camilo Beltrán Bárcenas, director científico de Nano Science and Thecnology S.A.S. BIC, por sus luces en el tema de nanotecnología.

> "Mi profunda gratitud al creador, fuente de fuerza e inspiración origen y alimento de mi espíritu, a mi adorada esposa Ruth Mery y a mi amado hijo Juan David quienes con la fuerza de su amor me brindan, día a día, la energía vital para la conquista de mi plenitud"

Presentacion

En la presente publicación el autor desarrolla como el cultivo del cáñamo en el marco de la bioeconomía desarrolla alianzas empresariales estratégicas que aportan al cumplimiento de los retos globales en materia de cambio climático, protección de la biodiversidad, desarrollo sostenible y mitigación del impacto que producen los combustibles fósiles.

El fomento de la bioeconomía en las zonas rurales es una prioridad para el país y el campo colombiano, en particular teniendo en cuenta las oportunidades que ofrece para la transformación productiva sostenible, el fortalecimiento de la economía rural, la inclusión social de las comunidades campesinas agrícolas, la creación de empleo, el fomento de la regeneración rural y la consolidación de los procesos de paz en los territorios.

El autor de la presente publicación desarrolla una propuesta estructurada e integral del cultivo de cáñamo industrial en el marco de la bioeconomía, la cual se constituye en una importante contribución, desde lo empresarial, a la demanda global adelantada en diferentes foros y agencias internacionales, en materia de mitigación de los efectos del cambio climático, protección a la biodiversidad y cumplimiento de los objetivos de desarrollo sostenible.

De la propuesta se destaca como el cultivo de cáñamo, como recurso biológico renovable, es una alternativa óptima, no sólo en la lucha contra el cambio climático por su alta eficiencia en la captura de CO_2 de la atmósfera sino que se presenta como una alternativa al fortalecimiento de la estructura productiva y económica del país, la transformación productiva de la economía campesina, incluyente y rentable del campo, la generación de empleo verde en el sector rural, la generación de recursos económicos para la prosperidad de las comunidades campesinas agrícolas con los bonos de carbono y el impulso a la producción de bio-insumos en múltiples sectores industriales, de los cuales vale la pena mencionar la sustitución de la celulosa de origen forestal por la celulosa proveniente del cáñamo.

El ingeniero Fernando Casas Celis por su experiencia empresarial y formación multidisciplinaria nos invita en su publicación, a través de uso de la tecnología, la investigación, la innovación y las políticas públicas, a articular esfuerzos entre diferentes áreas y sectores, gestionar acciones compatibles entre el desarrollo sostenible y la protección de la naturaleza, garantía misma de la biodiversidad incluida la supervivencia de nuestra especie.

Ricardo Garzón
Hernando Maldonado
Ricardo Orjuela

Introducción

El futuro de la economía y del país depende de la forma en que se enfrenten grandes desafíos en lo económico, social y ambiental, en lo que respecta a la economía Colombia debe fortalecer su estructura económica, dándole énfasis a la transformación productiva del sector de producción agrícola y a encontrar un camino sostenible a su modelo de desarrollo y crecimiento; en lo que se refiere a la dimensión social es esencial generar empleo sostenible y disminuir los índices de pobreza; en lo que respecta a la dimensión ambiental el desafío es encontrar sistemas de producción agrícolas sostenibles que generen valor agregado y herramientas que permitan la mitigación de los efectos causados por el cambio climático.

La Bioeconomía logra articular los grandes desafíos que tiene el país para vislumbrar y asegurar un mejor futuro, es decir, la bioeconomía permite dar respuestas eficaces a la transformación productiva del campo, la construcción de un modelo de desarrollo y crecimiento sostenible, la generación de puestos de trabajo verdes, generación de herramientas con recursos naturales renovables para combatir el cambio climático y fortalecer el aparato productivo de la economía colombiana.

La bioeconomía tiene un enorme potencial para dar respuesta a los desafíos que debe enfrentar la economía en Colombia porque el amplio contenido conceptual, desarrollado en los últimos años, constituyen un conjunto de conocimientos que permiten desarrollar una serie de actividades económicas con los recursos naturales de origen biológico renovable se utilizan para la producción de alimentos, extracción de bioinsumos para elaborar productos terminados, fabricar bioproductos y producir bioenergía, todos estos productos se elaboran en un entorno de bioeconomía circular sostenible.

La articulación sostenible de bioeconomía y cultivo de cáñamo para fines industriales brinda un mar de oportunidades para fortalecer la estructura económica del país, la transformación productiva, incluyente y rentable del campo, la consolidación sostenible de la industria de cáñamo en el país, la generación de empleo verde en el sector rural, el impulso a la producción de bioinsumos en múltiples sectores industriales para la fabricación de productos terminados y la generación de herramientas sostenibles para mitigar los efectos causados por la crisis climática.

El cultivo de cáñamo industrial, bajo la perspectiva de la bioeconomía, permite dar pasos importantes en la construcción real de un sistema de producción agrícola sostenible en el campo colombiano, sistema fundamentado en actividades económicas que utiliza recursos de origen biológico para producir alimentos, bioinsumos, materia prima y bioenergía que con seguridad va fortalecer la actividad agrícola y el aparato productivo de la economía colombiana.

La bioeconomía y el cultivo de cáñamo industrial son grandes aliados para enfrentar el cambio climático porque la bioeconomía se fundamenta en el uso de recursos naturales renovables, este sendero productivo sostenible que se presenta con el cáñamo industrial se convierte en una herramienta eficaz para atenuar los efectos causados por el cambio climático, debido a la alta capacidad de absorción de CO2 que presenta esta versátil planta.

Finalmente, el papel de la bioeconomía, frente a la supervivencia de la humanidad, es de crucial importancia porque genera una profunda consciencia de respeto y sana convivencia con el medio ambiente, en donde la sociedad global se beneficia con modelos económicos sostenibles, se protege el hábitat y se asegura la permanencia de los seres vivos y la vida en el planeta.

Quiero expresar mi gratitud con Sebastián Camilo Beltrán Bárcenas, director científico de Nano Science and Thecnology S.A.S. BIC, por su colaboración en el tema de nanotecnología y un reconocimiento especial a Ricardo Garzón Díaz por su constante y abnegado trabajo para sacar adelante el emprendimiento empresarial de producción agrícola de cáñamo para uso industrial, con el fin de contribuir con la transformación de la actividad agrícola en el campo colombiano.

2. LA BIOECONOMÍA UNA OPORTUNIDAD PARA EL DESARROLLO SOSTENIBLE

El modelo económico y de crecimiento de la economía sobre los cuales se desarrolla la vida en el mundo están en un proceso de transformación debido al impacto negativo que están teniendo sobre la supervivencia de los seres vivos, los recursos naturales, la biodiversidad y el clima, ocasionados por el aumento de la temperatura, hecho que está generando serios inconvenientes para lel desarrollo de la vida cotidiana en el planeta.

El futuro del planeta pasa por la construcción de nuevos modelos de desarrollo económico sostenibles que sean respetuosos de los recursos naturales, el medio ambiente, la biodiversidad y en el uso responsable, inteligente y racional de los recursos naturales renovables, la bioeconomía o economía biológica reúne todos estos temas transcendentales para el futuro de la humanidad, la bioeconomía tiene un papel protagónico en los nuevos modelos de desarrollo sostenibles que debe diseñar y construir la humanidad para asegurar su supervivencia.

La bioeconomía tiene gran importancia en el futuro de la humanidad, la nueva visión del desarrollo sostenible involucra el marco conceptual y contenidos pilares de la bioeconomía en que se aprovechan de forma inteligente, responsable y óptima los recursos biológicos para la producción de bienes y servicios, es decir, la bioeconomía de enfoca en el aprovechamiento de los recursos naturales de forma sostenible para actividad industrial con el fin de fortalecer la estructura económica del país.

La consolidación de la biotecnología, en los nuevos modelos de desarrollo y crecimiento económico sostenibles, constituyen una inmensa oportunidad para el país en el propósito de avanzar en el progreso integral de las comunidades rurales y urbanas, la bioeconomía brinda múltiples alternativas para producir bioinsumos y bioproductos con el fin de sustituir la materia prima y los insumos provenientes de origen fósil en la elaboración de una inmensa cantidad de productos en varios sectores industriales del aparato productivo del país.

América Latina y especialmente Colombia por su diversidad climática, megadiversidad, riqueza en recursos hídricos, disponibilidad de gran cantidad de tierras fértiles están llamadas a ser protagonistas importantes en el mundo en la producción de biomasa de alta calidad situación que le abre la puerta en Colombia al desarrollo y consolidación de la bioeconomía como agente gestor de desarrollo económico sostenible de las comunidades rurales agrícolas campesinas, al territorio regional y lógicamente el impacto positivo sobre todo el territorio nacional.

El potencial de producción de biomasa en los suelos fértiles de Colombia es enorme, pero es indispensable agregarle valor con procesos de transformación para que tenga un mayor impacto sobre el desarrollo sostenible rural, la biomasa deber ser procesada y transformada en la zona rural, para ello se necesita la intervención articulada de los organismos del orden local y regional con el gobierno nacional y con la iniciativa privada, así de esta forma se consolida el desarrollo rural con la promoción de modelos de negocio sostenibles en las cadenas de valor de los productos agrícolas.

La bioeconomía circular representa una buena fuente de ingresos para las comunidades rurales agrícolas campesinas porque genera herramientas para la producción sostenible de alimentos, materias primas, insumos y energías limpias con recursos naturales renovables con alto sentido de respeto por el uso de los recursos naturales renovables para estar en armonía con la naturaleza y el medio ambiente.

3. LA BIOECONOMÍA Y LA AGENDA 2030

La bioeconomía y todo su contenido conceptual desarrollado, la convierten en una excelente herramienta para impulsar los propósitos expresados en algunos de los Objetivos de Desarrollo Sostenibles – ODS de la Agenda 2030, es evidente que la bioeconomía le proporciona una gran sinergia al logro de los ODS, sin embargo, la FAO[1] realizó un estudio en que se establecieron cuatro áreas de relación entre la bioeconomía y los Objetivos de Desarrollo Sostenibles, estás áreas de relación son las siguientes:

1. La bioeconomía influye en la consecución del fin de la pobreza, el hambre cero y la reducción de las desigualdades.
2. La bioeconomía se relaciona con los objetivos de agua limpia y saneamiento, ciudades y comunidades sostenibles y consumo y producción responsables.
3. La bioeconomía impulsa una industria y unas infraestructuras sostenibles, además de promover el crecimiento económico y el trabajo decente.
4. La bioeconomía fomenta la salud y el bienestar y la acción climática, lo que beneficia a la vida submarina y a la vida de los ecosistemas terrestres.

La bioeconomía representa una gran herramienta conceptual para avanzar significativamente en el logro de los grandes retos planteados en la Agenda 2030, en lo que se refiere al desarrollo sostenible y a los retos sociales, ambientales y económicos, Rodríguez[2] (2017) expresa que “La base material y energética de la bioeconomía son los recursos biológicos; por lo tanto, es una alternativa real para la descarbonización

1 FAO. Indicators to monitor and evaluate the sustainability of bioeconomy. Overview and a proposed way forward. 2019

2 Rodríguez Adrián G. La bioeconomía: oportunidades y desafíos para el desarrollo rural, agrícola y agroindustrial en América Latina y el Caribe Adrián. Boletín CEPAL, FAO, IICA. 2017

de la economía, y puede desempeñar un rol fundamental en la acción climática, en línea con el Objetivo de Desarrollo Sostenible (ODS) No. 13 (combatir el cambio climático)", de igual forma Rodríguez afirma que la bioeconomía contribuye de forma sustancial para el logro de otros Objetivos de Desarrollo Sostenible, como:

- La bioeconomía se relaciona con la producción sostenible de alimentos saludables
- La bioeconomía se relaciona con la intensificación sosteinble de la producción agropecuaria;
- La bioeconomía está relacionada con la producción de bio productos, bio insumos agrícolas y con el desarrollo de nuevas actividades de base biológica;
- La bioeconomía considera el desarrollo de las biorrefinerías y asociado a ellas la producción de biomateriales (tales como biopláticos) y de distintos tipos de bioenergía;
- La utilización productiva de la biomasa de desecho generada en procesos de producción y consumo; por lo tanto, la bioeconomía puede contribuir con el ODS No. 12 (producción y consumo responsables),
- La bioeconomía brinda la posibilidad de desarrollar productos, procesos y sistemas replicando procesos y sistemas observados en la naturaleza. Ello puede dar lugar al desarrollo de nuevas cadenas de valor consistentes con el ODS No. 9 (industria e innovación),
- La bioeconomía también abarca el desarrollo de alternativas de biorremediación para enfrentar problemas de contaminación ambiental, ofrece alternativas para apoyar el ODS No. 6 (agua limpia y saneamiento para todos) y el ODS No. 15 (en lo relativo a la prevención de la degradación de suelos).

Figura No. 1, Contribución de la Bioeconomía en el Cumplimiento de los Objetivos de Desarrollo Sostenibles

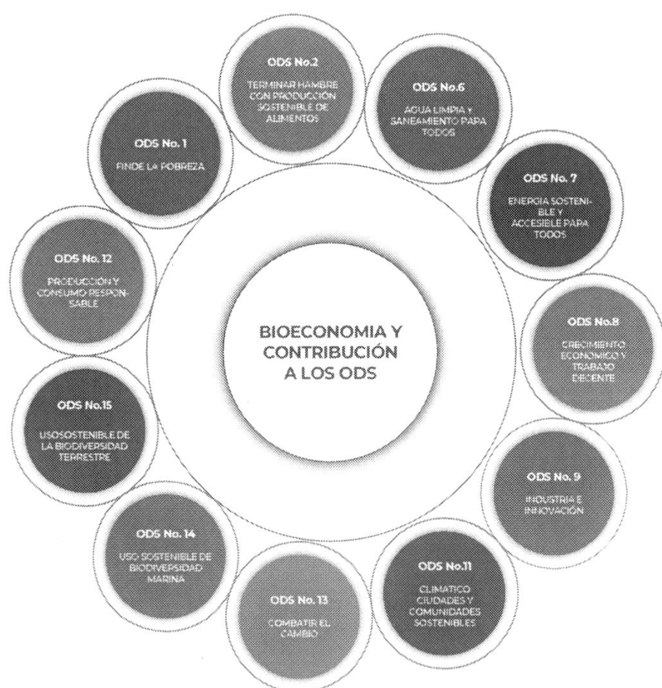

4. LA ECONOMÍA DEL FUTURO ESTA EN LA BIOECONOMÍA CON EL USO SOSTENIBLE DE LOS RECURSOS RENOVABLES

El cambio climático representa para la humanidad una gran amenaza para su permanencia en el planeta, es importante avanzar en el proceso de neutralidad climática para salvaguardar la vida de los seres vivos en la tierra, para ello se requiere hacer profundos cambios en la economía, en la forma en que se utilizan los recursos naturales y cambios en los procesos productivos industriales en los el ser humano obtiene todo lo que necesita para el quehacer diario de su vida en el planeta tierra.

Es indispensable comenzar un proceso de transición hacia una economía responsable que haga uso eficiente de los recursos, sea sostenible, respetuosa de los recursos renovables, que sea competitiva y próspera, en la que sus principios esenciales sea el cuidado, preservación y protección del medio ambiente, la salud de las personas, la prosperidad social y el bienestar de la sociedad.

La bioeconomía, la economía circular y la economía verde deben ser los pilares de este nuevo enfoque de economía responsable que busque la neutralidad climática, la sostenibilidad ambiental, la sostenibilidad económica, la sostenibilidad social y la sostenibilidad tecnológica, es decir, la economía responsable debe orientar su actividad con una visión sistémica para hacer uso de los recursos naturales bajo una perspectiva de optimización, circularidad y renovación de recursos responsable e inteligente.

La bioeconomía con su amplio concepto de visión sistémica reúne las condiciones para ser un pilar en la economía de futuro con un sendero de procesos de producción sostenibles, en donde los recursos naturales renovables se utilicen con alto sentido optimización, circularidad y una importante contribución hacia la neutralidad climática para asegurar el bienestar, abastecimiento y prosperidad de las comunidades urbanas y rurales.

En concepto de los investigadores y científicos de la Unión Europea[3] la bioeconomía debe considerar todos los sectores, los servicios y las inversiones asociadas que producen, utilizan, procesan, distribuyen o consumen recursos biológicos, como los servicios ecosistémicos, la bioeconomía es un gran actor y facilitador natural en el nuevo contexto de la economía moderna.

Es importante en Colombia darle un espacio preponderante al concepto multidimensional de la bioeconomía y a la construcción de políticas que le permitan un protagonismo importante en la transformación productiva sostenible del campo colombiano, es indispensable desarrollar políticas que permitan con la bioeconomía un profundo proceso de transformación del modelo económico existente hacia una economía sostenible, productiva, responsable comprometida con el uso racional e inteligente de los recursos naturales.

3 Comisión Europea. informe de la comisión al parlamento europeo, al consejo, al comité económico y social europeo y al comité de las regiones. Informe de situación de la Estrategia de Bioeconomía de la UE Política europea de bioeconomía: balance y evolución futura . Bruselas, 2022.

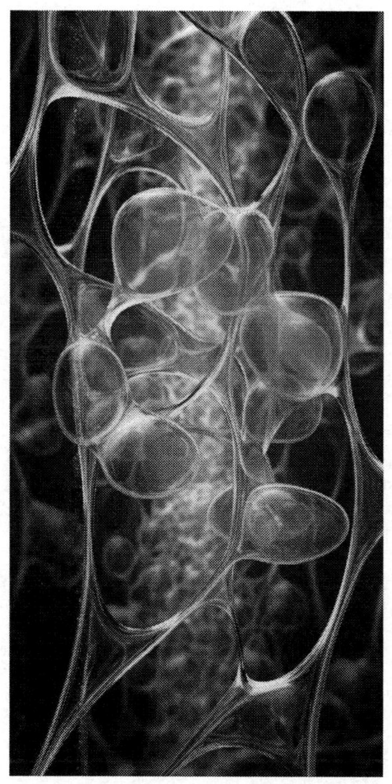

En Colombia la bioeconomía debe considerar un enfoque intersectorial con la perspectiva de suministrar insumos y materia prima para fortalecer el modelo bioeconómico y avanzar de forma contundente en el crecimiento sostenible de la economía con el propósito de alcanzar un desarrollo sostenible, el fortalecimiento de la bioeconomía debe considerar las dimensiones de la sostenibilidad:

- Medio Ambiente:
- Gestión de la tierra
- Formalización de la propiedad
- Gestión de los recursos biológicos
- Proteger los bosques

- Proteger la biodiversidad
- Economía:
- Desarrollo de cadenas de valor sostenibles
- Cadenas de consumo sostenibles
- Énfasis en el uso de los recursos renovables para obtener productos y bienes
- Social:
- Armonía social
- Bienestar de todos
- Transición Incluyente
- Fortalecer el tejido social
- Generación de empleo verde
- Tecnología:
- Amigables y limpias
- Con acceso a todos los campesinos
- Sostenible
- Aumentar eficiencia y rendimiento
- Mejorar rentabilidad

5. EL FUTURO DE LA PRODUCCIÓN AGRÍCOLA SOSTENIBLE ESTA EN LA BIOECONOMÍA

La población mundial enfrenta una situación preocupante frente al cambio climático, desastres naturales, la pandemia del virus Covid 19 y sus impactos; estos hechos tienen altamente preocupados a los gobiernos y a la sociedad civil, en especial a los expertos, no solo sanitarios sino también a los económicos, sociales y ambientales; encontrar solución a estos problemas no es fácil por estas razones es necesario buscar la participación de todos los actores involucrados para llegar a una solución que garantice la supervivencia de la humanidad.

El futuro de la humanidad está en nuestras manos, es decir, todos los seres humanos debemos participar en la solución a los problemas globales, es importante la participación de todos los sectores y agentes involucrados en los procesos de producción del actual modelo de desarrollo económico y hacerle una revisión profunda a la forma en que el hombre desarrolla su vida en el mundo.

La humanidad debe enfrentar una serie de retos que afectan su supervivencia en este planeta, los retos que esperan a la población mundial pasan por temas de gran trascendencia como la bioeconomía, la sostenibilidad, la inteligencia artificial, la salud, el trabajo, la producción de alimentos, la energía, el transporte, la tecnología, etc., son muchos los frentes y de diversidad temática en los que se debe trabajar para encontrar soluciones que aseguren la permanencia y supervivencia de nuestra especie en las condiciones que conocemos o mejores.

Son esenciales para la conservación de la vida los grandes desafíos que le esperan a la humanidad, entre ellos se encuentra la agricultura, la seguridad alimentaria, los procesos de producción agropecuarios, es indispensable que la humanidad se apropie de los conceptos de "una sola salud" y la sostenibilidad, en los cuales se involucra a todos los seres vivos del planeta, en especial para disminuir los impactos de las enfermedades zoonóticas y el deterioro de nuestra riqueza ambiental y perdida de la biodiversidad.

Por lo tanto, es importante hacer profundos cambios en los modelos de crecimiento y desarrollo económico y en los modelos de producción agrícola, estos deben garantizar no solo la seguridad alimentaria sino el respeto por los recursos naturales, la biodiversidad, el medio ambiente y la protección de las fuentes de agua.

El mercado en donde IntelaAgro S.A.S. desarrolla su actividad económica es el de la producción agrícola sostenible, los argumentos en los párrafos anteriores generaron en IntelaAgro S.A.S., la génesis de su compromiso de trabajar por la sostenibilidad de sus procesos de producción, la protección, cuidado y conservación de los recursos naturales, el medio ambiente, la biodiversidad y las fuentes de agua.

IntelaAgro S.A.S., es absolutamente consciente de la necesidad de trabajar bajo los principios de un modelo bioeconómico, la sostenibilidad y los contenidos conceptuales de la economía circular, en los que se propugna por un alto sentido de respeto y protección por los recursos naturales, la biodiversidad y el agua.

IntelaAgro S.A.S. trabajará con sus clientes, los productores agrícolas, bajo los principios de bioeconomía, sostenibilidad económica, economía circular, responsabilidad ambiental empresarial y responsabilidad social empresarial, además estimulará la construcción de una cultura empresarial altamente tecnificada en procesos de innovación basados, entre otros, en el aprovechamiento de Data Science, maching learning e Inteligencia Artificial, agricultura inteligente, agricultura de precisión, bajo los principios y directrices regidos en el desarrollo de una economía sostenible que redundará en procesos de producción agrícola, exitosos, eficientes, productivos, competitivos y rentables.

6. DESAFIÓ DE COLOMBIA: RECUPERAR LA VOCACIÓN AGRÍCOLA PARA FORTALECER LA ESTRUCTURA ECONÓMICA DEL PAÍS

La actividad agrícola en Colombia tuvo una participación importante en su aparato económico, pero en el transcurso del tiempo por decisiones políticas se perdió, la vocación agrícola de Colombia se afectó considerablemente, de acuerdo a Reyes[4] (Ph.D. University of Pittsburgh/Harvard, Profesor y director de la Maestría en Dirección de la Universidad del Rosario) el aporte del sector agrícola al producto interno bruto – PIB tuvo el siguiente comportamiento en la línea de tiempo 1965 - 2024:

4 Reyes Giovanni E. Revista Portafolio enero 26 de 2018.

- En 1965 contribución al PIB de 65%,
- En 1975 contribución al PIB de 24%,
- En 1990 contribución al PIB de 18% y
- En 2017 contribución al PIB de 6%
- En 2023 contribución al PIB de 8%

Es evidente que la vocación agrícola del país se afectó de forma crucial por múltiples circunstancias, pero hechos importantes que están sucediendo en el mundo como el cambio climático, la seguridad alimentaria, la pandemia del covid y la guerra de Rusia con Ucrania manifiestan señales que generan nuevas e inmensas oportunidades para Colombia en el contexto de la actividad agrícola.

Figura No. 2, Contribución del Sector Agrícola al PIB de Colombia

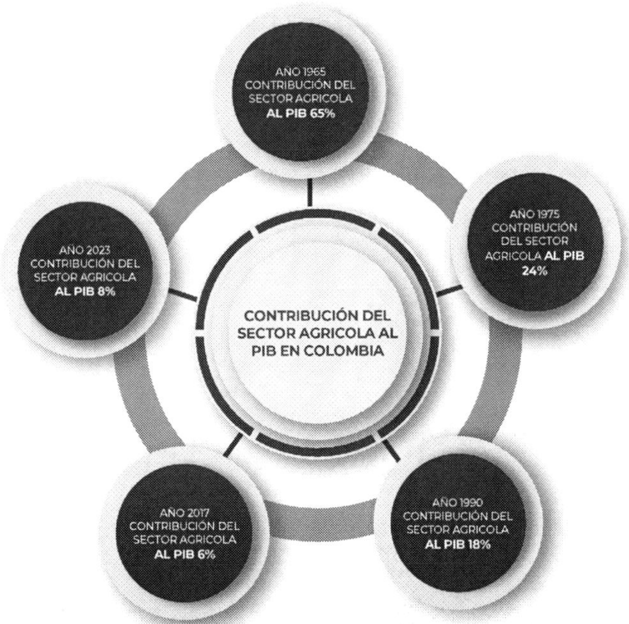

La nueva realidad de Colombia, especialmente en el escenario político, genera grandes oportunidades para la economía del país, el campo y la actividad agrícola porque una de las propuestas de este gobierno es convertir a Colombia en una potencia agroalimentaria, es el momento de dinamizar la actividad de la agricultura impulsando la incorporación de temas estratégicos como:

- Bioeconomía
- Agricultura inteligente
- Agricultura de precisión
- Inteligencia Artificial
- Tecnología y conocimiento
- Tecnología climática
- Sostenibilidad
- Economía circular
- Asociatividad
- Cadenas de valor
- Encadenamientos productivos
- Destinación de recursos a la industria agrícola para la investigación y desarrollo
- Impulso a nuevas industrias sustentadas en la cadena de valor de la producción agrícola

La agricultura es una actividad económica importante para el desarrollo económico de Colombia, la dinamización del campo, el sector agroindustrial y la actividad agrícola deben estar sustentadas en el aprovechamiento del potencial que tiene el país en cuanto a:

- Disponibilidad de tierras fértiles: 22 millones de hectáreas
- Posición geográfica favorable: diversidad de climas

- Diversidad biológica
- Rendimiento hídrico nacional de 56 litros/s-km2

Estas condiciones favorecen la capacidad de producción de alimentos del campo colombiano, a partir de diversos sistemas de producción sostenibles como: la bioeconomía, la economía circular, que sin lugar a dudas contribuirán al aumento del PIB, al fortalecimiento de la economía del país, la generación de empleo, la generación de riqueza en las zonas rurales, a la transformación productiva sostenible del campo, a la construcción de una sociedad que brinda oportunidades de prosperidad, bienestar y equidad para todos, con una mirada preferencial sobre las comunidades rurales.

La producción agrícola, la seguridad alimentaria y el cambio climático son temas que ocupan la agenda mundial, esta situación representa a Colombia una ventana de oportunidades para fortalecer su actividad agrícola y dar respuesta a las necesidades que enfrenta el país y el mundo en lo que se refiere a la producción de alimentos.

Colombia tiene el gran desafío de convertirse en un país exportador de bienes agropecuarios, Colombia tiene una amplia gama de recursos naturales no explotados, se necesita seguir trabajando en el desarrollo y fortalecimiento de la economía, la producción agrícola es un tema que tiene un peso muy importante en el desarrollo rural y un eje vital del desarrollo económico del país.

El país tiene una inmensidad gama de oportunidades con la producción de alimentos y biomasa con recursos renovables como fuente de materia prima o insumos para la elaboración de productos terminados para ello, sin duda, es fundamental la participación del Estado y el Gobierno como actores protagonistas principales para impulsar, mediante normatividad y formulación de políticas públicas, la realización de esta gran oportunidad global frente a la demanda de alimentos y bioinsumos para la elaboración de gran variedad de productos.

La bioeconomía tiene un gran potencial como nuevo insumo conceptual para la construcción de un modelo de producción agrícola sostenible, es un camino seguro para impulsar la transformación productiva sostenible, incluyente y rentable del campo colombiano, el cambio climático está impulsando la construcción de nuevos modelos de crecimiento económico sostenibles y la bioeconomía es el mejor camino para avanzar en la recuperación de la vocación agrícola sostenible del campo colombiano y el soporte conceptual de un nuevo modelo económico de desarrollo.

Capitulo 1
MARCO CONCEPTUAL DE LA BIOECONOMÍA

1. LA BIOECONOMÍA

El tema de la bioeconomía entró en la agenda del mundo como necesidad de abordar nuevas alternativas al uso de combustibles de origen fósil, por las consecuencias que están generando sobre la contaminación ambiental por los gases efecto invernadero, especialmente el dióxido de carbono, la cuestión se concentra en utilizar bioinsumos para la producción de biocombustibles y una gran cantidad de sectores industriales que requieren materia prima con recursos renovables para la elaboración de productos terminados.

No existe una definición general y consolidada de bioeconomía, la GBS[1] (Global Bioeconomy Summit) o Cumbre Global de Bioeconomía sugiere una definición global en los siguientes términos "la producción,

1 A. G. Rodríguez, M. Rodríguez y O. Sotomayor, "Hacia una bioeconomía sostenible en América Latina y el Caribe: elementos para una visión regional",

utilización y conservación de recursos biológicos, incluidos los conocimientos, la ciencia, la tecnología y la innovación relacionados, para proporcionar información, productos, procesos y servicios en todos los sectores económicos, con el propósito de avanzar hacia una economía sostenible". Bajo esta perspectiva la bioeconomía se concibe como un proceso de transformación de la economía sustentado en el uso sostenible, racional e inteligente de los recursos biológicos.

La bioeconomía es abordada por Hernández[2] (2023) como un sistema económico, en su definición plantea que la bioeconomía "es un sistema económico basado en el uso racional e inteligente de los recursos naturales, en el cual existe un énfasis en la utilización de los recursos renovables para obtener productos y bienes para el desarrollo y bienestar de la sociedad", esto significa que la bioeconomía nos invita a pensar diferente respecto al desarrollo de la humanidad, razón por la cual es indispensable enfocarnos en el uso sostenible de los recursos naturales y explorar tecnologías como la nanotecnología para generar alto valor agregado en los productos renovables.

La Unión Europea, a través de la Comisión, plantea que la bioeconomía es un sistema económico que utiliza los recursos biológicos de la tierra, el mar y los residuos como insumos para la producción de alimentos, así como para la producción industrial, energética y el uso de procesos biológicos en una industria sostenible.

En términos generales, podemos afirmar que la bioeconomía comprende el uso de recursos biológicos renovables (biomasa) procedentes de la tierra y el mar, como cultivos, productos forestales, peces, animales y microorganismos para producir alimentos, materiales y energía.

serie Recursos Naturales y Desarrollo, No. 191 (LC/TS.2019/25), Santiago, Comisión Económica para América Latina y el Caribe (CEPAL), 2019.

2 Hernández, Vicente. "Bioeconomía y Nanotecnología, aproximaciones desde los materiales lignocelulósicos con motivo del encuentro de Alumno FCF-UdeC, edición Ingeniería en Biotecnología Vegetal. Chile.

Figura No. 3, Concepto de Bioeconomía

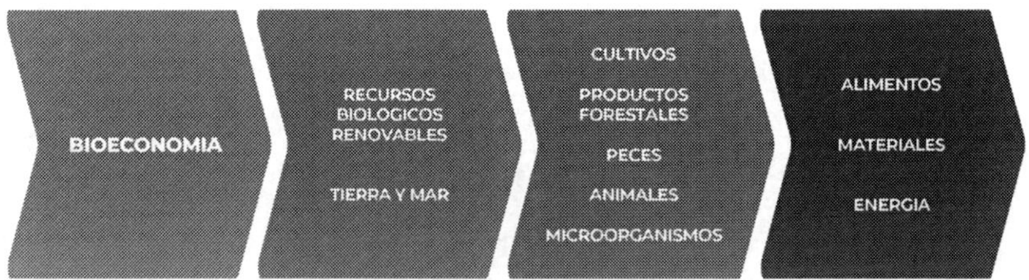

El Departamento de Planeación Nacional de Colombia presenta dos conceptos de lo que es la bioeconomía, el primero sustentado en el documento Conpes 3934 que trata sobre política de Crecimiento Verde y OCDE, lo define como "Economía que gestiona eficiente y sosteniblemente la biodiversidad y la biomasa para generar nuevos productos y procesos de valor agregado, basados en el conocimiento y la innovación".

El segundo concepto que presenta Planeación Nacional se fundamenta sobre el trabajo realizado por la Misión de Sabios (2019), quienes lo definieron como "La producción, utilización y conservación de recursos biológicos, incluyendo los conocimientos, la ciencia, la tecnología y la innovación relacionados, para proporcionar información, productos y procesos en todos los sectores económicos, con el propósito de avanzar hacia una economía sostenible", el enfoque de las dos definiciones se direcciona a cómo Colombia puede utilizar la riqueza en biodiversidad y el amplio contenido conceptual de la bioeconomía para avanzar de forma sostenible en su proceso de crecimiento y desarrollo económico.

Las posibilidades y oportunidades para el país son inmensas en el ámbito de la Bioeconomía puede lograr un avance importante en la meta de desarrollo sostenible aprovechando de forma óptima, integral y armónica:

1. La gran riqueza que posee Colombia en términos de biodiversidad,
2. El gran potencial de producción de biomasa,
3. El uso del conocimiento y la gran capacidad intelectual existente en el país,

4. La articulación de estos estos recursos disponibles generará una gran sinergia para impulsar el crecimiento sostenible de Colombia.

Figura No. 4, Concepto de Bioeconomía, según Planeación Nacional (Conpes 3934)

El Departamento de Planeación Nacional aprovecha todo el marco conceptual que se genera alrededor de la bioeconomía y le da un enfoque multidimensional para impulsar el desarrollo sostenible del país bajo el proceso de descarbonización y el uso de la biodiversidad para avanzar en el crecimiento desarrollo regional.

Figura No. 5, Enfoque de Planeación Nacional del Tema de Bioeconomía

Es inmenso el potencial que le encuentra Planeación Nacional a la visión de una economía fundamentada en la bioeconomía que construye una propuesta de valor con la cual se obtienen ventajas importantes para el crecimiento sostenible del país, la propuesta de valor considera las siguientes ventajas:

1. Garantiza la conservación y uso eficiente de los recursos,
2. Apalanca el crecimiento, el desarrollo y el progreso de las regiones,
3. Genera la conexión de las actividades económicas básicas con su riqueza natural,
4. Pone en valor el conocimiento local y tradicional,
5. Impulsa un desarrollo económico bajo en carbono y
6. Potencia el desarrollo de innovación de productos, procesos y servicios

Figura No. 6, Propuesta de Valor que Genera la Bioeconomía para el País, según Planeación Nacional.

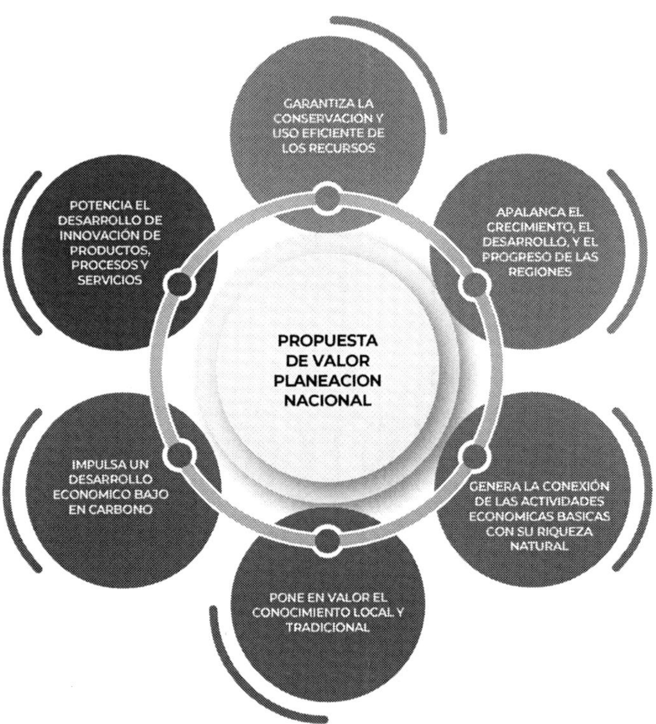

Finalmente, respecto a la definición de bioeconomía, se considera el concepto que emite la Comisión Económica para América Latina y el Caribe, es el organismo dependiente de la Organización de las Naciones Unidas responsable de promover el desarrollo económico y social de la región, su definición se direcciona a generar un marco de referencia con el fin de orientar a los países en la formulación de estrategias para el desarrollo de la bioeconomía.

Figura No. 7, Concepto de Bioeconomía, según la CEPAL

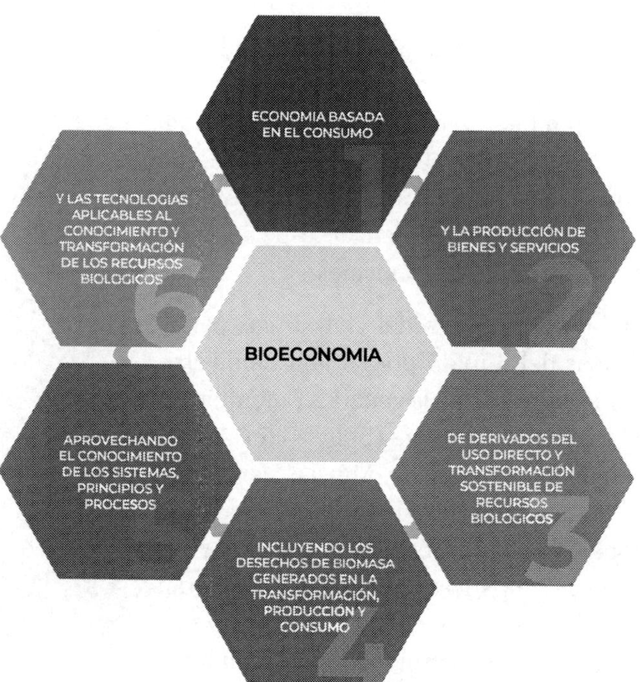

Hay una necesidad en el mundo de promover la bioeconomía para lograr un modelo económico sostenible y para combatir el cambio climático con la sustitución de productos de origen fósil por productos naturales renovables, es importante impulsar el cambio del modelo económico actual hacia una transición de bioeconomía circular para garantizar la sostenibilidad.

2. EJES PILARES PARA EL IMPULSO DE LA BIOECONOMÍA EN COLOMBIA

América Latina es una región privilegiada que se caracteriza por su extraordinaria diversidad biológica o también denominada biodiversidad, además tiene todos los climas, gran variedad de ecosistemas, tiene la mayor diversidad de flora, alberga innumerable cantidad de especies, animales terrestres y microorganismos.

Colombia forma parte del club de los países megadiversos del mundo por su alta biodiversidad, esta megadiversidad le genera a Colombia y a los demás miembros del club (Bolivia, Brasil, Costa Rica, Ecuador, Guatemala, México, Perú y Venezuela) grandes oportunidades en el escenario de la bioeconomía, por lo tanto, Colombia y los países con características similares hay una gran oportunidad del uso sostenible de la biodiversidad para afianzar el desarrollo de la bioeconomía.

El desarrollo de la bioeconomía requiere que se presenten una serie de factores, los cuales generan un ambiente propicio para su pleno desarrollo, Rodríguez (2019)[3] presenta los factores estructurales indispensables para el desarrollo de la bioeconomía, ellos son los siguientes:

3 Rodríguez, A.G., Rodríguez, M. y Sotomayor, O. "Hacia una bioeconomía sostenible en América Latina y el Caribe: elementos para una visión regional", serie Recursos Naturales y Desarrollo, No. 191 (LC/TS.2019/25), Santiago, Comisión Económica para América Latina y el Caribe (CEPAL), 2019.

1. **Mega biodiversidad:** el uso productivo sostenible de la biodiversidad es un gran potencial y al mismo tiempo un desafío para el desarrollo de la bioeconomía.
2. **Alto potencial para la producción de biomasa:** disponibilidad de tierras, suelos adecuados y agua, estos han permitido la consolidación de muchas cadenas productivas en ámbitos tradicionales de los sectores de:

- Bioenergía,
- Alimentos (alimentación humana y animal),
- Fibras y forestal,
- Producción de biomasas para usos no convencionales avanzados: cultivos energéticos para la producción de bioenergía y
- Producción de biomasa de cultivos especializados para la producción de biomoléculas (plantas como biorreactores) para aplicaciones en la industria alimentaria, química y farmacéutica, entre otras.

3. **Disponibilidad de grandes cantidades de biomasa de desecho:** que se genera en sectores primarios de base biológica (cultivos, ganadería, pesca y acuacultura y forestería), que en la visión circular de la bioeconomía son recursos valiosos para nuevas cadenas de valor.
4. **La bioeconomía plantea la necesidad de nuevas formas de relación entre la agricultura y los alimentos:** se generan nuevos conceptos tecnológicos y nuevas redes de valor.
5. **La bioeconomía puede contribuir a enfrentar los retos de la diversificación productiva** y del cambio estructural asociados a la dependencia económica de sectores primarios productores de materias primas (agricultura, minería, recursos fósiles).

Figura No. 8, Factores Estructurales para el Desarrollo de la Bioeconomía

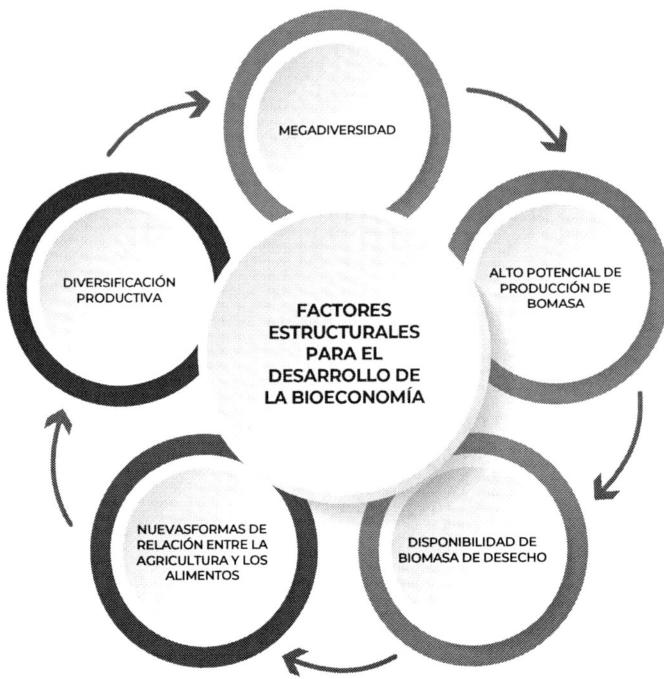

2.1. EL USO DE LOS RECURSOS BIOLOGICOS EN PROCESOS PRODUCTIVOS SOSTENIBLES

La esencia de la bioeconomía son los recursos naturales y biológicos, comprende en la estructura económica de un país el uso de los recursos biológicos renovables cuya procedencia vienen de la tierra y el mar, lo cual significa que abarca la utilización de los cultivos, los bosques, los peces, los animales y los microorganismos con el fin de producir alimentos, materiales, insumos, materia prima y energía.

Colombia posee una inmensa riqueza en cuanto a biodiversidad se refiere, es decir, cuanta con una fuente importante de recursos biológicos para generar productos y servicios que necesitan todos los sectores de la economía; Colombia es uno de los pocos países megadiversos del mundo, de acuerdo a Arbeláez – Cortés (2013)[4] se estima que el país posee entre 200.000 y 900.000 especies, esta riqueza natural le abre inmensas oportunidades al país con la Bioeconomía, con la cual el país puede hacer una transición hacia una economía y desarrollo sostenible basada en el uso sostenible de la biomasa, la biodiversidad y los servicios ecosistémicos.

La comunidad científica tiene en su agenda a la biomasa como un sustituto de los recursos fósiles, porque la biomasa es un recurso biogénico (Se denominan elementos biogénicos o bioelementos a aquellos elementos químicos que forman parte de los seres vivos, de acuerdo a su abundancia se pueden agrupar en tres categorías: 1. Bioelementos primarios o principales: C, H, O, N. 2. Bioelementos secundarios S, P, Mg, Ca, Na, K, Cl. Y 3 Oligoelementos) muy importante para la elaboración de productos terminados.

La bioeconomía promueve el uso de la biomasa y la construcción de nuevos modelos de producción que sean sostenibles que permiten el desarrollo de nuevos productos y que pueden ser utilizados como insumos por otros sectores productivos, como por ejemplo el cáñamo que se utiliza como materia prima en la construcción, o en la industria papelera que el cáñamo se utiliza como materia prima para elaboración de papel, etc.

4 Arbeláez-Cortés, E. (2013). Knowledge of Colombian biodiversity: published and indexed. Biodiversity and Conservation, 22(12), 2875–2906. https://doi.org/10.1007/s10531-013-0560-y.

2.2. LA APLICACIÓN DE TECNOLOGÍA PARA LA TRANSFORMACIÓN DE RECURSOS, PROCESOS Y PRINCIPIOS BIOLOGICOS

La tecnología es uno de los mejores aliados de la bioeconomía para desarrollar todo su potencial porque genera una inmensa gama de posibilidades para la creación de productos y procesos teniendo como insumo los principios biológicos y los recursos naturales, por lo tanto, en la bioeconomía se utiliza la tecnología para generar productos y procesos para estimular la elaboración de productos sostenibles con el fin de impulsar el desarrollo económico de las comunidades rurales agrícolas, de las regiones y del país.

El uso inteligente de la tecnología, la investigación y la innovación en el entorno de la bioeconomía con seguridad van a mostrar nuevos caminos de producción y procesos industriales con los cuales se fortalecerá la estructura económica de las comunidades rurales campesinas agrícolas que generarán unas condiciones estables, sólidas y benéficas para el impulso del desarrollo económico y social.

Figura No. 9, La Bioeconomía, Tecnología, Investigación e Innovación Generadores de Desarrollo

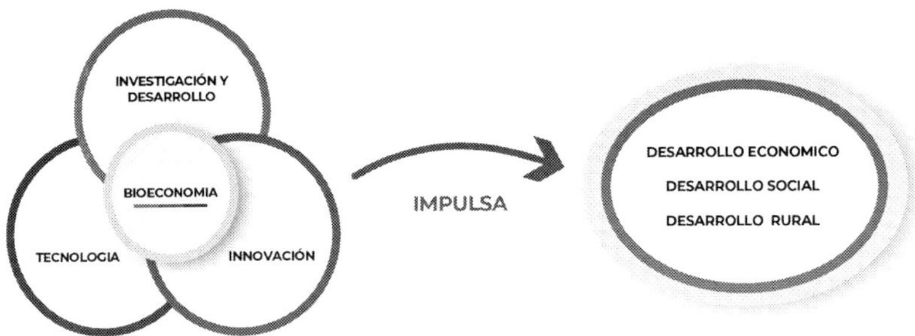

El cambio climático ocasionado, como factor principal, por la emisión de gases contaminantes por la producción de combustibles a partir de recursos fósiles son una gran amenaza para la humanidad, con seguridad un trabajo estratégico, planificado y articulado de la bioeconomía junto a la

tecnología, la investigación y la innovación contribuirán de forma importante a contrarrestar los efectos producidos por el aumento de la temperatura en el planeta, por ejemplo con el desarrollo de biocombustibles estos ayudarán a mitigar el impacto sobre el medio ambiente y fortalecerán la economía de las comunidades rurales agrícolas campesinas.

La bioeconomía, la tecnología, la investigación y la innovación estimularán el crecimiento sostenible de la economía rural y la estructura económica del país, el gran reto de las autoridades rurales y regionales agrícolas es utilizar los recursos naturales renovables en los procesos de producción industrial de forma sostenible, de esta forma se logra una transformación sostenible incluyente de las actividades agrícolas y del campo.

Es esencial en un modelo de desarrollo bioeconómico que los pequeños productores agrícolas tengan acceso a la tecnología, es indispensable eliminar esta barrera, los campesinos y pequeños productores deben tener acceso a todas las herramientas tecnológicas para la producción de bioinsumos y bioproductos con el fin de mejorar sus indicadores agrícolas, su productividad, su rendimiento, eficiencia de sus cultivos y su rentabilidad.

Colombia tiene hoy grandes ventajas competitivas y comparativas frente al mundo, es el segundo país con mayor biodiversidad biológica, esta condición lo hace tener un inmenso abanico de posibilidades y oportunidades con el entorno de la bioeconomía, por esta razón Colombia se perfila como uno de los territorios con mayor potencial para hacer de la Bioeconomía un motor de crecimiento y desarrollo económico y social.

La promoción del desarrollo fundamentada por la economía en un escenario de sostenibilidad requiere de una articulación política, económica y social desde los actores nacionales, rurales y regionales porque se trata de realizar un trabajo articulado de una gran cantidad de procesos institucionales para alcanzar la transformación productiva, incluyente y sostenible del campo colombiano.

3. IMPORTANCIA DE LA BIOECONOMÍA EN EL DESARROLLO SOSTENIBLE

El cambio climático se ha convertido en una gran amenaza sobre la vida de los seres vivos en el planeta, fenómeno que se sustenta en gran medida en el uso de combustibles de origen fósil sobre el cual se desarrolla el modelo económico actual, por esta razón es necesario que el mundo cambie el modelo económico de producción, es una obligación para preservar la vida y la especie humana en el planeta, la humanidad debe orientar su capacidad e inteligencia hacia un modelo que sea respetuoso con el medio ambiente.

La única salida que tiene la humanidad de supervivencia es dirigir todos sus esfuerzos, capacidades, recursos e inteligencia hacia un crecimiento y desarrollo sostenible, bajo este contexto de sostenibilidad del uso de los recursos naturales, la bioeconomía se convierte en un concepto fundamental para lograr un desarrollo sostenible y asegurar la supervivencia de la humanidad y los seres vivos que habitan el planeta.

La FAO Organización de las Naciones Unidas para la Alimentación y la Agricultura considera que la bioeconomía es "la producción, utilización y conservación de los recursos biológicos, incluidos los conocimientos relacionados, la ciencia, la tecnología y la innovación, para proporcionar información, productos, procesos y servicios a todos los sectores económicos con el objetivo de avanzar hacia una economía sostenible", bajo el escenario de este concepto la Unión Europea promueve desde hace años el uso de recursos naturales y biológicos junto a la tecnología, la investigación y la innovación el desarrollo de nuevos productos y mercados para hacer un uso racional, óptimo, responsable y sostenible de los recursos naturales.

Figura No. 10, La Bioeconomía Motor del Desarrollo Sostenible

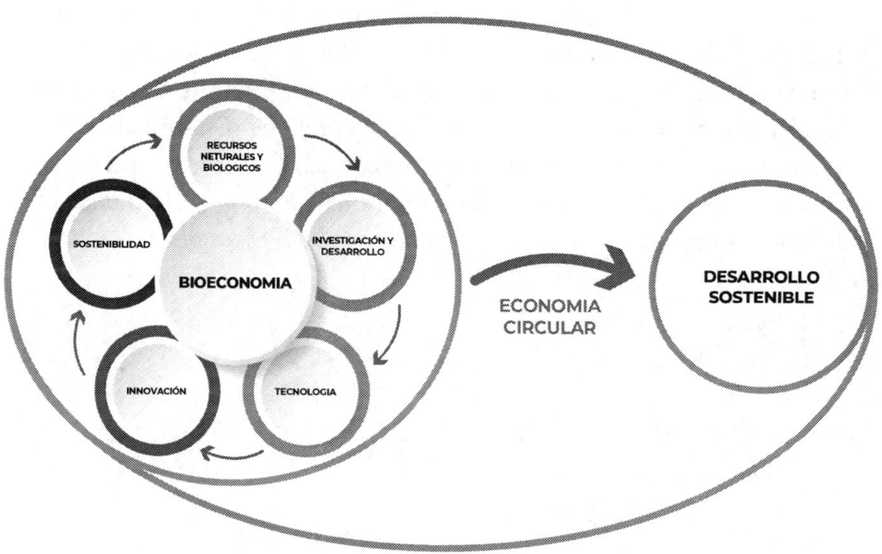

El desafío global que enfrenta el hombre es la supervivencia, fenómenos como el calentamiento del planeta, la degradación de los suelos, la desaparición de especies, el deterioro de los ecosistemas, daños profundos a la biodiversidad, la escasez de alimentos, el crecimiento de la población y la contaminación ambiental ejercen una gran influencia sobre la actividad humana para encontrar nuevas formas de producir y hacer un consumo responsable, frente a esta realidad la bioeconomía circular o economía biológica circular representa hoy un camino inteligente y responsable para alcanzar un modelo de producción sostenible.

La Comisión Europea expresa que la bioeconomía tiene un gran potencial como alternativa para encontrar nuevas formas de producción responsable y sostenibles, entre las ventajas y beneficios de emprender un modelo de producción sobre la economía biológica menciona:

1. Generación de millones de puestos de trabajo verde
2. Renovación y modernización del tejido industrial
3. Restauración de los ecosistemas y de la biodiversidad
4. Mitigación climática y neutralidad de carbono

La economía biológica contribuye de forma sustancial en la consolidación de una agricultura sostenible, productiva, responsable con el uso de los recursos naturales que contribuye de forma sustancial en el fortalecimiento de la agroindustria porque con la biomasa pueden elaborar una serie de productos utilizándola como bioinsumo para generar productos en múltiples industrias, como por ejemplo, en la industria de biocombustibles y bioenergía (energía renovable), es decir, elaborar bioproductos.

Figura No. 11, Beneficios de una Bioeconomía Sostenible y Circular, según la Comisión Europea

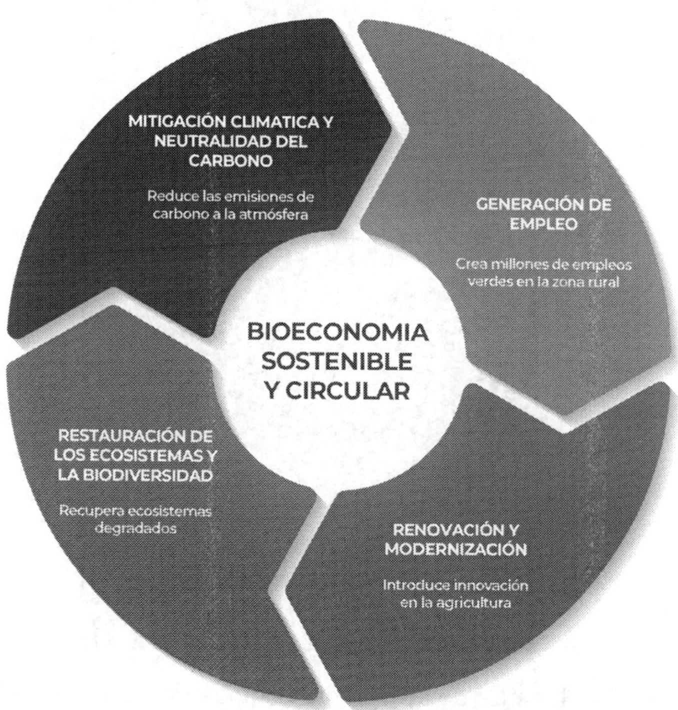

4. LA BIOECONOMÍA Y EL CAMBIO CLIMATICO

Es una impactante realidad para el planeta que la actividad humana, con sus modelos de crecimiento y desarrollo económico, han afectado y modificado el clima con graves repercusiones para todos los seres vivos que habitan el planeta, el aumento de las emisiones de gases efecto invernadero (GEI) han causado el incremento de la temperatura media en la tierra, hechos que generan catastróficas consecuencias sobre el medio ambiente, los seres humanos y todos los seres vivos.

El cambio climático tiene un impacto importante sobre la producción de alimentos, hasta tal punto, que en ciertas regiones corre un gran riesgo la seguridad alimentaria de sus habitantes, de igual forma el cambio climático está afectando la salud de las personas, la pérdida de biodiversidad, el aumento de los niveles del mar, las corrientes migratorias, etc., son graves y preocupantes las consecuencias sobre la vida en el planeta.

En el escenario catastrófico del cambio climático la bioeconomía se presenta como una alternativa viable, consistente y sostenible para hacerle frente al cambio climático, la bioeconomía con todos sus principios y contenidos permite mitigar y con un juicioso trabajo hasta reversar los efectos causados por la modificación del clima en la tierra, con el enfoque de la bioeconomía es posible construir un modelo de crecimiento y desarrollo sostenible respetuoso de los recursos naturales renovables.

La bioeconomía tiene un papel importante a desempeñar en la lucha contra el cambio climático, especialmente en lo que se refiere a la producción sostenible de alimentos y a la producción sostenible de energía con fuentes renovables, es decir, la bioeconomía se convierte en la esencia para trazar el camino de la transición energética hacia una generación de energía verde, el planeta requiere modelos energéticos sostenibles, y garantizar la seguridad alimentaria de la población en el mundo.

La bioeconomía es un importante aliado para combatir el cambio climático porque brinda soluciones sostenibles a los grandes desafíos que enfrenta la población mundial generados por el cambio climático, la bioeconomía con certeza puede contribuir a:

1. La producción sostenible de alimentos, garantiza la seguridad alimentaria
2. La gestión sostenible de los recursos naturales
3. La generación de combustibles sostenibles, biocombustibles
4. La generación de energías renovables verdes sostenibles
5. La generación de fuentes de trabajo verdes
6. La reducción de las emisiones de carbono
7. La transformación productiva y sostenible de la agroindustria
8. La producción de materia prima o bioinsumos para muchas industrias

La bioeconomía con toda seguridad va desempeñar un papel principal en la lucha contra el cambio climático, porque genera herramientas prácticas que permiten hacer un trabajo importante en la mitigación de los efectos causados por el calentamiento global y la construcción de modelos de desarrollo sostenibles, responsables y respetuosos con el medio ambiente.

Figura No. 12, Contribución de la Bioeconomía a la Lucha contra el Cambio Climático

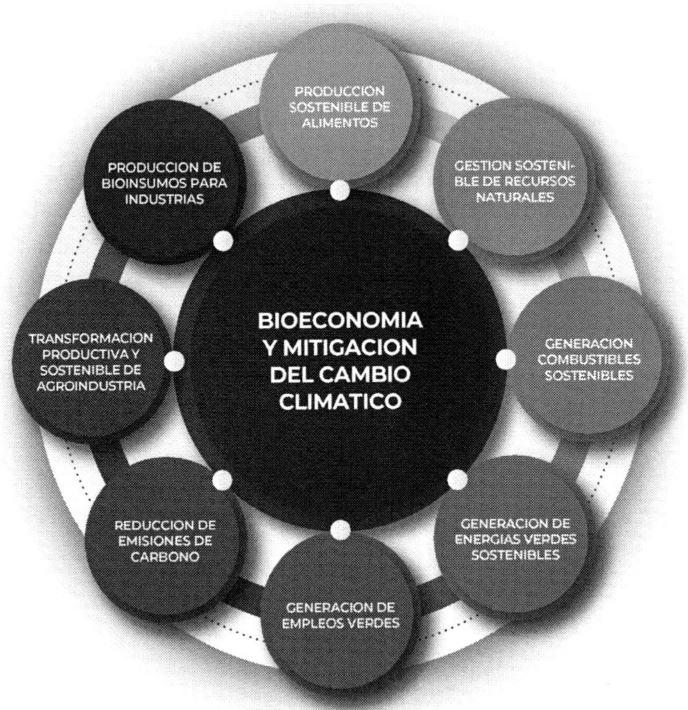

5. LA BIOECONOMÍA Y LA TRANSFORMACION PRODUCTIVA SOSTENIBLE DEL CAMPO

La bioeconomía genera grandes oportunidades para el campo colombiano, especialmente en el sector de la producción agrícola y la agroindustria, la variedad de climas, la biodiversidad, la disponibilidad de millones de hectáreas fértiles y la capacidad de producir durante todo el año, hacen que el campo tenga un gran potencial para el desarrollo de la bioeconomía con perspectivas muy interesantes para fortalecer el sector agrícola, la economía rural y la estructura económica del país.

El enfoque de la economía biológica o bioeconomía brinda interesantes alternativas al campo en Colombia orientadas a la diversificación productiva, el uso inteligente, responsable y sostenible de los recursos naturales y a la transformación productiva, incluyente, competitiva de la producción agrícola, es decir, la bioeconomía se convierte en un gran generador de valor e impulsor de profundos cambios en los procesos agrícolas y agroindustriales del campo y de las áreas rurales en el país.

La bioeconomía se convierte en un eje promotor de cambios en la producción agrícola, la transformación sostenible de la actividad agrícola en el campo y en la construcción de nuevos modelos de crecimiento y desarrollo fundamentados en la sostenibilidad, la circularidad y en el uso inteligente, responsable y racional de los recursos naturales renovables, siempre con el firme propósito de avanzar hacia la construcción de una economía rural sostenible que contribuya al fortalecimiento de la estructura económica del país.

Es necesario para avanzar, con pasos seguros, que los empresarios del orden rural conozcan, se informen y se formen en los principios, contenidos y prácticas de la economía biológica o bioeconomía para detectar y hacer realidad todo el potencial de oportunidades que ofrece la bioeconomía en la producción agrícola, razón por la cual debe analizar los siguientes temas a considerar con la posibilidad de desarrollar:

- Nuevos productos y servicios,
- Nuevos procesos productivos,
- Nuevos negocios,
- Cadenas de valor,
- Atender la demanda de productos sostenibles (amigables con el medio ambiente),
- La creación de puestos de trabajo verdes y
- La creación de nuevos segmentos de mercado (encontrar consumidores de productos elaborados en el contexto de la bioeconomía)
- La innovación empresarial sostenible

Figura No. 13, Las Oportunidades Empresariales con la Bioeconomía

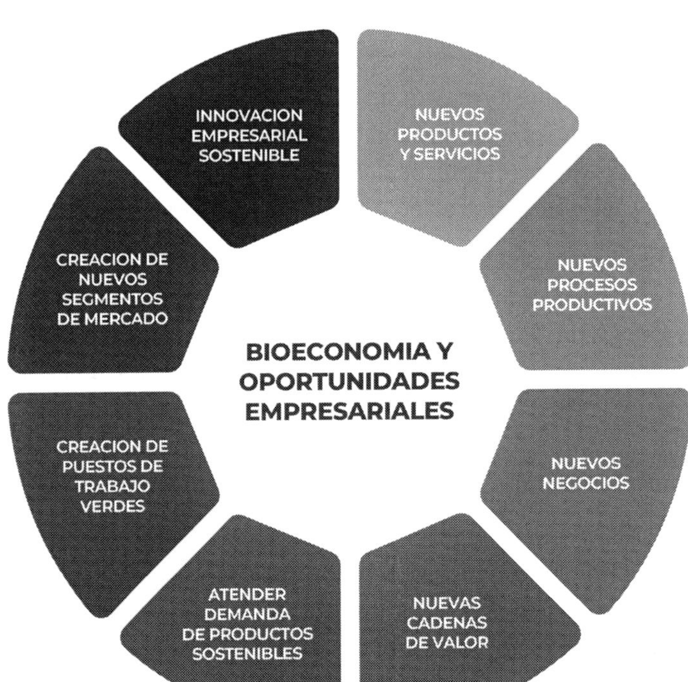

La transformación productiva, incluyente, responsable y competitiva de la producción agrícola en el marco de la economía biológica o bioeconomía con seguridad se convierte en una fuerza impulsora de desarrollo sostenible en lo económico, lo social, lo ambiental y en lo tecnológico, con lo cual se beneficiarán las comunidades agrícolas campesinas que viven y trabajan en el campo colombiano.

6. LA PRODUCCIÓN DE CAÑAMO INDUSTRIAL UN VERDADERO IMPULSO HACIA UNA NUEVA BIOECONOMÍA

La producción agrícola de cáñamo puede sustituir una gran cantidad de materia prima e insumos para la fabricación de más de 25.000

productos en más de 15 sectores industriales de la estructura económica mundial, los productos elaborados a partir de la biomasa de cáñamo pueden sustituir productos que son elaborados a partir de recursos forestales y combustibles fósiles.

La versatilidad y polivalencia de la biomasa de cáñamo permite la fabricación de todos los tipos de papel, cartón, biocombustibles, bioenergía, materiales para construcción, materiales para elaborar madera compacta para muebles, ropa, jabón, alimentos para animales, aceites de cocina, espumas para industria automovilística, etc.

La biomasa de cáñamo tiene todas las condiciones para desempeñar un papel protagónico, en gran variedad de industrias, como bioinsumo para la elaboración de productos terminados en un ambiente de bioeconomía circular y sostenibilidad, la biomasa de cáñamo con todo su potencial industrial, en la generación de bioinsumos, brinda una alternativa sostenible para disminuir o dejar de utilizar los recursos de origen forestal como materia prima para la elaboración de productos terminados.

La biomasa de alta calidad,a base de cáñamo, permite la reducción del impacto ambiental de los productos son elaborados a partir de bioinsumos, razón por la cual son biodegradables, es decir, por ser fabricados con materiales naturales su proceso de descomposición por la acción del sol, la lluvia, la humedad, el viento y los microorganismos hace que no se produzca contaminación ambiental.

La fabricación de productos sostenibles en el futuro debe considerar una planeación inteligente y responsable de la sustitución de productos derivados de combustibles fósiles y de origen forestal, es importante crear una cultura de consumo de productos elaborados con bioinsumos para garantizar la sostenibilidad de la bioeconomía sustentada en recursos renovables sostenibles como es el caso de la biomasa de cáñamo para uso industrial.

En Colombia la producción de cáñamo con fines industriales con certeza dará verdadero impulso hacia una nueva bioeconomía, con lo cual se abre un camino sostenible para la transformación productiva, incluyente, responsable, competitiva y rentable del campo colombiano y así darle un papel protagónico al sector rural agrícola en la consolidación de la estructura económica del país.

Capitulo 2

LA BIOECONOMÍA Y EL CAÑAMO UNA SINERGIA DE VALOR PARA IMPULSAR LA TRANSFORMACIÓN PRODUCTIVA SOSTENIBLE EN EL CAMPO

1. EL CAÑAMO UN CAMINO VERDE SOSTENIBLE PARA LA ECONOMÍA CAMPESINA EN COLOMBIA

La economía rural agrícola en Colombia aún no encuentra un camino de auge y recuperación para asegurar el bienestar de las comunidades rurales campesinas, el sector agropecuario, al año 2023 tiene una participación del 6% del PIB nacional, la vocación agrícola del país se ha ido perdiendo por las políticas públicas implementadas por los gobiernos nacionales desde el año 1965 en donde la participación del sector agropecuario representaba el 65% del PIB nacional.

La industria de cáñamo, con seguridad mejorará la contribución agrícola al PIB, el cáñamo es un excelente producto que muestra un camino de oportunidades para mejorar, de forma considerable, las condiciones económicas, sociales y ambientales de las comunidades rurales agrícolas porque puede contribuir de manera fundamental a encontrar soluciones innovadoras en la transformación productiva incluyente del campo en Colombia, con:

- El mejoramiento de los suelos,
- La absorción de CO_2,
- La generación de riqueza en el campo,
- La creación de miles de empleos rurales sostenibles,

- La producción agrícola sostenible,
- El combate al cambio climático y
- La contribución al bienestar de las comunidades rurales campesinas.

La industria del cáñamo tiene un importante camino que recorrer para posicionarse y fortalecerse en la economía nacional, hay un gran desconocimiento de esta versátil planta que encaja perfectamente en el modelo de bioeconomía cuyo propósito esencial es gestionar de forma sostenible los recursos naturales, gestionar de forma eficiente y sostenible la biodiversidad, gestionar el uso racional del agua y gestionar de forma eficiente en condiciones de sostenibilidad la biomasa para la generación de productos innovadores con alto valor agregado.

Las políticas públicas deben trabajar en un proceso pedagógico con el sector empresarial y con la sociedad civil para que conozcan el potencial económico, social y ambiental que tiene la industria de cáñamo para mejorar la calidad de vida de las comunidades rurales agrícolas campesinas, ser un actor importante en la transformación productiva sostenible incluyente del cultivo de cáñamo para uso industrial y un gran aliado en la lucha contra el cambio climático por las grandes cantidades de CO_2 que absorbe durante el ciclo de producción agrícola.

2. EL CULTIVO DE CAÑAMO UN FUERTE IMPULSOR DE LA BIOECONOMÍA

La versatilidad de la planta de cáñamo hace que encaje perfectamente en el modelo sostenible de bioeconomía porque el cáñamo es un producto agrícola que genera grandes beneficios ambientales, económicos y sociales, incluso puede contribuir de forma considerable en la transformación productiva sostenible del campo y en el desarrollo integral de las comunidades rurales campesinas agrícolas.

La bioeconomía se convierte en un importante actor en el campo porque el objetivo principal tiene que ver con la gestión sostenible de los recursos naturales, el agua y la seguridad alimentaria, además porque el contenido conceptual de la bioeconomía impulsa industrias sostenibles, lo cual significa que la industria de cáñamo para uso industrial encaja en la bioeconomía, porque es un producto agrícola sostenible que:

- Genera cero desperdicios,
- Consume poca agua,
- Es una materia prima negativa de carbono,
- Mejora la calidad de los suelos,
- No necesita insecticidas,
- Tiene una gran capacidad de fitorremediación porque elimina metales pesados y
- Atrapa una cantidad importante de dióxido de carbono.

La producción agrícola de cáñamo con fines industriales es considerado como un cultivo polivalente porque en muchas industrias tiene la posibilidad de ser usado como materia prima o insumo para la elaboración de productos terminados, con la biomasa del cáñamo se pueden elaborar: alimentos, cosméticos, productos de higiene, biomateriales, bioenergía, papel, bioplásticos, etc., el cultivo de cáñamo tiene un efecto positivo en el suelo porque le proporciona altos contenidos de oxígeno, con lo cual hace más fértiles los suelos.

Figura No. 14, Ventajas de la Bioeconomía

El cultivo de cáñamo tiene una gran capacidad de absorber CO_2, esta condición hace que la biomasa sea considerada como materia prima negativa en carbono, de esta forma el cáñamo se convierte en una importante herramienta para combatir el cambio climático porque elimina emisiones de carbono presentes en el entorno ambiental en donde se realiza el cultivo.

Las semillas son una fuente para la elaboración de alimentos con alto contenido nutritivo y con gran efecto sobre la salud del hombre y los animales, las semillas tienen un alto contenido de proteínas de alta calidad y contienen un alto espectro de ácidos grasos esenciales, además las flores y las hojas tienen la presencia de cannabinoides, terpenos y fenoles, sustancias que le permiten al ser humano llevar un estilo de vida muy saludable.

La producción agrícola de cáñamo tiene una ventaja competitiva frente a los costos de los insumos porque son muy pocos los insumos requeridos en su ciclo productivo, es un producto sostenible que tiene efectos de oxigenación de los suelos con lo que contribuye a mejorar la fertilidad de los suelos, la eficiencia de los cultivos y a generar efectos positivos en la biodiversidad.

El cultivo de cáñamo para uso industrial es una actividad rentable para los agricultores porque se realiza en un entorno de sostenibilidad, la maximizar el uso de la tierra mejorando la eficiencia, rendimientos, productividad y los ingresos de los agricultores mejoran considerablemente, con lo cual mejora su calidad de vida y les genera bienestar a las comunidades rurales agrícolas campesinas.

La European Industrial Hemp Association[1](EIHA), asegura que el cáñamo para uso industrial es un múltiple impulsor de la bioeconomía por la circularidad cero residuos, consideran los siguientes beneficios del cáñamo:

- Cultivo Polivalente
- Materia Prima Negativa en Carbono
- Fuente de alimentos nutritivos y saludables
- Agricultura Ecológica
- Actividades Económicas Rentables y Socialmente Responsables

1 Mirizzi, Francesco, Wilson, Catherine. European Industrial Hemp Association. El Cáñamo un Auténtico Pacto Verde. Septiembre 9 de 2020

Figura No. 15, El cáñamo Impulsor de la Bioeconomía en Colombia

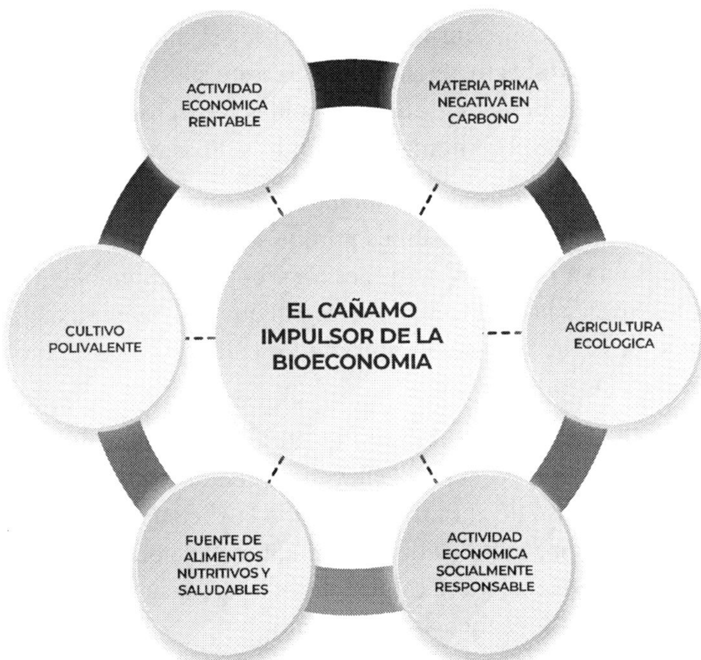

3. EL CULTIVO INDUSTRIAL DEL CAÑAMO TIENE UNA ALTA EFICIENCIA EN LA ABSORCIÓN DEL CO2 PRESENTE EN LA ATMÓSFERA

La presencia de dióxido de carbono (CO_2) en la atmósfera hace que se presente el Efecto Invernadero, este gas es el Gas Efecto Invernadero que más contribuye al aumento de la temperatura en el planeta, lo cual significa que uno de los mayores desafíos que enfrenta en planeta frente al calentamiento global es la absorción de CO_2, la panta de cáñamo está llamada a desempeñar un papel importante en la captura del CO_2 presente en la atmósfera.

El cultivo industrial de cáñamo presenta mejores condiciones para secuestrar una mayor cantidad de CO_2 que las demás plantas, propiedad que la hace una planta virtuosa para absorber el exceso de CO_2 presente en la atmósfera y de esta manera combatir el aumento de temperatura en la superficie terrestre.

Son grandes las ventajas que ofrece la virtuosa planta de cáñamo para cultivarla con fines industriales que sirva como materia prima o insumo en la elaboración de productos terminados, la biomasa permite utilizar todas las partes de la planta cuyo destino son múltiples industrias para la elaboración de productos finales, algunas de estas industrias son: industria textil, industria del papel, industria de bioplásticos, industria de alimentos, industria farmacéutica, industria de la construcción, industria del aseo e higiene, industria cosmética, industria de la pintura y tintas.

El cáñamo es una planta de ciclo de rápido crecimiento que absorbe hasta 22 toneladas de CO_2 por hectárea por año, de acuerdo a un informe del Gobierno inglés[2] esto significa que el cultivo de cáñamo atrapa más dióxido de carbono que cualquier otra planta e inclusive que los bosques.

El cultivo de cáñamo para uso industrial en Colombia presenta un mejor escenario que en el Reino Unido debido a la posición geográfica de Colombia, a la fertilidad de los suelos que hace que los rendimientos por hectárea aumenten considerablemente, la actividad de producción agrícola se puede realizar durante todo el año, razón por la cual puede hacer hasta tres cosechas y con procesos de optimización hasta cuatro cosechas al año.

El aumento de la cantidad de cosechas al año, la fertilidad de los suelos de Colombia, la alta eficiencia y rendimiento del cultivo de cáñamo por hectárea hacen que el cultivo de cáñamo tenga un alto desempeño en la cantidad de CO_2 capturado por este cultivo, esta circunstancia perfila al país en el liderazgo de absorción de CO_2.

2 Government, UK. Biomass Feedstocks Innovation Programme Phase 1: sucessful projects. https://www.gov.uk/government/publications/biomass-feedstocks-innovation-programme-successful-projects/biomass-feedstocks-innovation-programme-phase-1-successful-projects

4. LA INDUSTRIA DE CAÑAMO EN EL MARCO DE LA BIOECONOMÍA UNA OPORTUNIDAD PARA FORTALECER LA ESTRUCTURA ECONÓMICA DEL PAÍS

El cultivo de cáñamo con fines industriales en el marco de la bioeconomía abre un mundo de oportunidades para la estructura económica de Colombia porque la biomasa sirve como materia prima o insumo en una gran cantidad de industrias, el inmenso potencial de la planta de cáñamo para uso industrial está generando el desarrollo de un marco legal y jurídico en Colombia para darle espacio en la estructura económica del país y contribuya junto al amplio mundo de la bioeconomía a construir un modelo de crecimiento económico fundamentado en la sostenibilidad, circularidad y uso inteligente de los recursos naturales renovables.

En esta nueva realidad de producción de cáñamo con fines industriales, en un escenario de del concepto de bioeconomía, la industria nacional tiene una inmensa gama de oportunidades como proveedores de materia prima, en un primer instante, y con grandes posibilidades de impulsar el desarrollo de una nueva industria con productos terminados que favorezcan:

1. El cuidado de la biodiversidad y el medio ambiente,
2. El uso inteligente, responsable y racional de los recursos naturales renovables,
3. La transformación productiva incluyente del campo,
4. El fortalecimiento del aparato productivo rural y
5. El fortalecimiento de la estructura económica del país.

La producción de biomasa de cáñamo en el entorno de la economía biológica o bioeconomía tiene grandes oportunidades de desarrollo y fortalecimiento como industria porque la biomasa de cáñamo puede ser utilizada como insumo o materia prima para la fabricación de productos terminados, a continuación, se presentan algunas de las industrias en donde se puede convertir como fuente de insumo de materia prima:

- La industria papelera,
- La industria farmacéutica,
- La industria textil,
- La industria de bioplásticos
- La industria agropecuaria,
- La industria de alimentos,
- La industria de la construcción,
- La industria de pintura y tintas
- La industria Cosmética
- La industria de aseo e higiene

Figura No. 16, Industrias con uso Potencial de Biomasa de Cáñamo como Materia Prima o Insumo

5. LA CADENA DE VALOR DEL CAÑAMO EN EL MARCO DE LA BIOECONOMÍA

La bioeconomía es un marco referente conceptual sobre el que se puede desarrollar todo el potencial de la cadena de valor del cultivo de cáñamo, la población rural y las comunidades agrícolas campesinas tienen grandes oportunidades de alcanzar un gran avance productivo con las cadenas de valor, la innovación de procesos productivos empresariales, la producción de bioinsumos y bioproductos, la transformación productiva sostenible e incluyente y la comercialización rentable de todos sus productos agrícolas cosechados.

Las comunidades rurales campesinas necesitan cultivar productos agrícolas en el referente conceptual de la economía biológica o bioeconomía que les permitan obtener buena rentabilidad para obtener los recursos económicos necesarios y así asegurar su subsistencia, la de su familia y avanzar en su realización personal con la perspectiva de mejorar su calidad de vida y la de su grupo familiar.

El cultivo de cáñamo para uso industrial y las actividades, actores y agentes ligados a la cadena de valor en el entorno de la bioeconomía les proporcionan grandes oportunidades a las familias campesinas agrícolas para aumentar sus ingresos y así de esta forma iniciar un proceso de mejoramiento de sus condiciones y calidad de vida.

La cadena de valor del cáñamo permite generar una serie de nuevos negocios, en el entorno de la economía del país, sustentados en los servicios complementarios y conexos con la cadena de producción del cáñamo industrial, estos nuevos negocios son considerados como unidades estratégicas de negocios para la industria agrícola.

6. LA HUELLA DE CARBONO DEL CAÑAMO

El cambio climático y sus consecuencias sobre el medio ambiente son temas estratégicos que hoy ocupan a la humanidad de forma relevante, la actividad humana genera una serie de impactos sobre la naturaleza que están modificando el clima del planeta, la emisión de gases de invernadero es una de las consecuencias de las actividades que realiza el hombre y que está afectando de forma significativa el clima del planeta.

La forma de medir el impacto de los Gases Efecto Invernadero sobre el cambio climático es el concepto de Huella de Carbono, este indicador adquirió gran relevancia porque permite medir, cuantificar el impacto que una actividad tiene sobre el cambio climático, es decir, la cantidad de gases que se emiten a la atmósfera por el desarrollo de una actividad.

Por tanto, "la huella de carbono se define como el conjunto de emisiones de gases de efecto invernadero producidas, directa o indirectamente, por personas, organizaciones, productos, eventos o regiones geográficas, en términos de CO_2 equivalentes, y sirve como una útil herramienta de gestión para conocer las conductas o acciones que están contribuyendo a aumentar nuestras emisiones, cómo podemos mejorarlas y realizar un uso más eficiente de los recursos"[3].

La huella de carbono en la producción de cáñamo a campo abierto, al aire libre, de acuerdo a Sánchez (2021)[4] es de 326 kilogramos de dióxido de carbono por kg de flor, esto significa que este cultivo tiene una huella de carbono similar al cultivo de productos como trigo que tiene un indicador de 384[5], cebada que tiene un indicador de 299 y el maíz que tiene un indicador de 562.

El cultivo de cannabis en interiores, invernaderos, tiene una huella de carbono, de acuerdo a Quinn[6] (2018), que asciende entre 2,2 y 5,1 toneladas de CO_2 por kilo de flor seca debido al consumo intensivo en luz y climatización, el estudio establece que las emisiones de gases efecto invernadero para la producción de cannabis en ambientes interiores se deben en gran medida al consumo de electricidad y al consumo de gas natural.

Estudios recientes realizados en la Universidad de la Salle encontraron que en un proceso productivo de 1 Hectárea y con una producción de 100 Kilogramos de flor seca se obtuvo una captura de CO_2 de 11.387,5[7] Kilogramos de CO_2 al año, resultado que demuestra el beneficio que

3 Ministerio de Medio Ambiente de Chile, cambio climático, huella de carbono

4 Sanchéz, R. La demanda de cannabis ha demandado una huella de carbono gigante. Revista Muy Interesante, marzo 15 de 2021, España.

5 Altuna A., Lafarga A., Del Hierro O., Unamuzanga O., Besga G. y Sopelana A. Huella de carbono de los cereales, Análisis de la emisión de gases de efecto invernadero en el sector agroalimentario. Ministerio del Medio Ambiente y Medio Rural y Marino de España.

6 Quinn J. y Summers H. estudio realizado por investigadores de la Universidad Estatal de Colorado proporciona la contabilidad más detallada de la huella de carbono del cultivo de cannabis en interiores. Nature Sustainability, 2018.

7 Mora Aguilar, J. S. (2020). Análisis de ciclo de vida en cultivo de Cannabis sp. medicinal. Retrieved from https://ciencia.lasalle.edu.co/ing_ambiental_sanitaria/1882

trae el cultivo de cannabis es positivo en consideración a los usos y aplicaciones en el área de la salud y a nivel industrial, como es el caso de la fabricación de papel a partir de la biomasa de cannabis para extraer la celulosa, materia prima esencial en la elaboración de papel.

La siembra y cultivo de cáñamo con fines medicinales e industriales se debe considerar hoy como una estrategia sostenible para el secuestro de carbono porque presenta propiedades que generan atrapamiento en ambientes con alta presencia de CO_2.

7. EL CAÑAMO PLANTA POLIVALENTE PARA USO COMO MATERIA PRIMA CON ENFOQUE MULTISECTORIAL

La producción industrial de la biomasa de cáñamo en el marco contextual de la bioeconomía tiene un gran potencial por su polivalencia o gran versatilidad en el que se utiliza como materia prima o insumo en importantes sectores industriales para la elaboración de productos terminados, lo cual significa que es un bioinsumo con enfoque multisectorial para la producción de bioproductos.

El uso de cáñamo con enfoque multisectorial bajo una perspectiva de bioeconomía con seguridad contribuye de forma sustancial a encontrar soluciones innovadoras que permitan realizar una transición hacia la construcción de modelos de producción y crecimiento económico sostenibles que respeten, cuiden y protejan los recursos naturales renovables.

En verdad el cáñamo junto al enfoque conceptual integral de la bioeconomía brinda la oportunidad de construir un camino verde sostenible en el proceso de construcción de modelos de desarrollo y crecimiento sostenibles que requiere la población mundial para asegurar su sobrevivencia y convivir de forma armónica y respetuosa con todos los seres vivos que habitan el planeta.

La maravillosa sinergia de trabajar la producción de biomasa de cáñamo con fines industriales, en el ámbito de la bioeconomía, favorece la producción sostenible de un gran número de bioproductos y fortalece de forma considerable la estructura económica rural del país por su cualidad polivalente y de uso multisectorial.

Es necesario superar la imagen equivocada que se tiene sobre el cáñamo y trabajar de forma articulada con todos los actores principales del aparato económico del país para que le den el lugar que merece en la estructura económica, porque esta planta versátil tiene un gran potencial para impulsar el fortalecimiento de la economía rural y al mismo tiempo la economía nacional.

Figura No. 17, El Cáñamo Biomasa polivalente de Uso Multisectorial

8. LA BIOECONOMÍA Y EL CAÑAMO FUENTE DE TRANSFORMACIÓN PRODUCTIVA SOSTENIBLE DEL CAMPO COLOMBIANO

El trabajo articulado del cáñamo con el enfoque de la bioeconomía son el claro ejemplo para aprovechar de forma sostenible los recursos renovables, la biodiversidad y la biomasa como fuente para la transformación productiva sostenible del campo colombiano y avanzar en el progreso de las comunidades rurales agrícolas campesinas del país.

El enfoque del cultivo de cáñamo, la bioeconomía para tener un impacto positivo sobre la transformación productiva sostenible del campo implica un trabajo articulado de los diversos actores involucrados en la cadena de valor de producción agrícola como son los empresarios, los organismos gubernamentales, las comunidades, los grupos de interés, la industria y la academia, el trabajo multidisciplinario articulado de estos actores fomentará la transformación del campo colombiano en condiciones sostenibles e incluyentes.

El cultivo de cáñamo en el marco conceptual de la bioeconomía es apenas un aporte en la búsqueda de la transformación productiva sostenible e incluyente del campo colombiano, con la incorporación de tecnología amigable, el uso ético y responsable de los recursos naturales renovables y la producción de biomasa de calidad, el cultivo sostenible de cáñamo es un camino que contribuye a impulsar el progreso de las comunidades rurales agrícolas campesinas para asegurar su bienestar y mejoramiento de la calidad de vida de sus familias.

El cultivo de cáñamo con fines industriales es una aplicación específica de la bioeconomía en donde ya se ha acumulado un conocimiento importante por parte de Hemp Company CBD S.A.S. en alianza estratégica con IntelaAgro S.A.S., empresa que en el transcurso de 5 años ha venido realizando un programa de investigación y mejora de la genética para la siembra del cáñamo en condiciones de eficiencia, calidad, rentabilidad y sostenibilidad.

La intención de Hemp Company S.A.S. e IntelaAgro S.A.S. siempre ha sido cómo contribuir a que los productores agrícolas mejoren sus condiciones productivas aumentando la eficiencia y rendimiento de sus cultivos con el mejoramiento genético de las semillas, la incorporación de tecnología y el diseño de un modelo campesino sostenible que les permita una actividad agrícola con buenos estándares de productividad, aumentar su rentabilidad, progresar en su calidad de vida y generar bienestar a las comunidades rurales agrícolas.

La bioeconomía, el mejoramiento del rendimiento del material genético de cáñamo que tiene la empresa Hemp Company CBD S.A.S. y la incorporación de tecnología en la producción agrícola van a generar procesos de mejora en la producción agrícola que con seguridad van a impulsar la transformación productiva en condiciones de sostenibilidad, inclusión social y responsabilidad con el uso de los recursos naturales renovables.

Figura No. 18, Transformación Productiva, Incluyente y Sostenible del Campo Colombiano

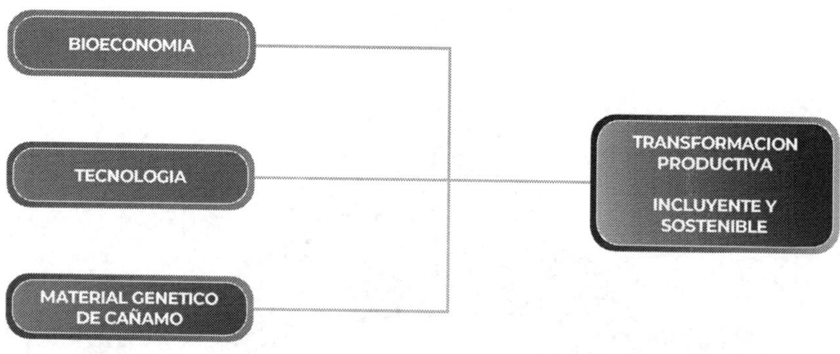

9. ECONOMIA CIRCULAR, ECONOMIA VERDE Y BIOECONOMÍA: TRIDENTE IMPULSOR DEL DESARROLLO AGRICOLA RURAL

El crecimiento de la población mundial, hoy somos 7.800 millones de habitantes, la escasez de agua, la disminución en la producción de alimentos, los modelos de desarrollo y crecimiento económico y el cambio climático están impulsando a la clase política y científica a buscar solución a estos grandes desafíos que enfrenta la humanidad que pone en riesgo su vida y existencia misma.

La economía circular es una de estas soluciones al modelo económico de sociedad de consumo en la que los recursos y materias primas son utilizados de forma irracional, como si fueran de existencia infinita, además el medio ambiente y la biodiversidad están siendo seriamente afectados por la forma peligrosa e irresponsable en que están siendo explotados y utilizados, la economía circular busca cambiar la forma cambiar el modelo de consumo actual, es decir, la economía circular se fundamenta en la restauración y regeneración en la que se busca que los productos elaborados utilicen componentes y materias primas que mantengan su utilidad y valor máximo en todo momento.

Figura No. 19, Tridente Impulsor del Desarrollo Rural Sostenible

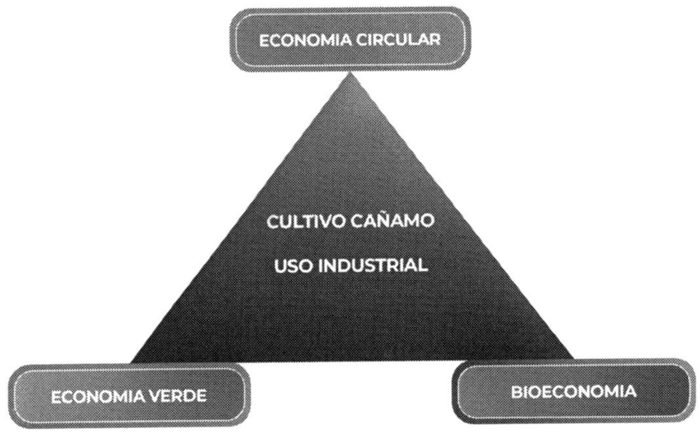

Figura No. 20, Economía Circular Componentes

La economía circular busca que el hombre sea consciente que debe cuidar los recursos en el presente para garantizar la existencia de recursos en el futuro, el sistema circular tiene como principio fundamental la reducción de materia prima en la elaboración de los productos, la utilización de los desechos y la disminución de las emisiones, el modelo de producción circular se compone de los siguientes elementos: rediseñar, reducir, reutilizar, remanufacturar, reparar, renovar, recuperar y reciclar.

La economía verde se abre espacio en la Conferencia de las Naciones Unidas sobre el Desarrollo Sostenible (Rio+20), surge en el marco conceptual de desarrollo sostenible y erradicación de la pobreza, se define como "aquella economía que resulta en un mejor bienestar humano y equidad social, reduciendo significativamente los riesgos ambientales y las escaseces ecológicas", en una expresión más amplia la Economía Verde es una herramienta a ser utilizada con el propósito de lograr un desarrollo sostenible social, económico y ambiental, la economía verde considera el uso de procesos de producción bajos en carbono, el uso eficiente de los recursos y la inclusión social.

La Bioeconomía la define de forma amplia la Cumbre Global de Bioeconomía en el año 2018 como "la producción, utilización y conservación de recursos biológicos, incluidos los conocimientos, la ciencia, la tecnología y la innovación relacionados, para proporcionar información, productos, procesos y servicios en todos los sectores económicos, con el propósito de avanzar hacia una economía sostenible" (GBS, 2018), la Bioeconomía según lo expresa Rodríguez[8] (2019) busca:

A. Promover el desarrollo sostenible, teniendo como marco de referencia la Agenda 2030;

B. Promover la acción climática, teniendo como marco de referencia el Acuerdo de París

8 Rodríguez Adrián, Rodríguez Mónica y Sotomayor Octavio. Hacia una bioeconomía sostenible en América Latina y el Caribe. Elementos para una visión regional. Naciones Unidas, CEPAL, 2019.

C. Promover la inclusión social (por ejemplo, agricultura familiar, jóvenes y mujeres, pueblos originarios)

D. Promover procesos de innovación que contribuyan a la diversificación de las economías y a generar nuevas cadenas de valor.

La Economía Circular, la Economía Verde y la Bioeconomía tienen como principio esencial lograr modelos de desarrollo sostenibles, responsables y respetuosos de los recursos naturales renovables, son visiones económicas enmarcadas en la sostenibilidad que buscan la protección, cuidado y uso eficiente de los recursos naturales en los modelos de desarrollo y crecimiento económico.

La empresa IntelaAgro S.A.S. considera que el uso inteligente de la cadena de valor del cáñamo en el marco referencial de la bioeconomía y los beneficios generados por el "Modelo Asociativo Campesino de Producción Sostenible" les van a permitir a las familias campesinas cultivar un producto agrícola que es rentable, sostenible y con gran versatilidad para ser utilizado como materia prima en la elaboración de gran cantidad de productos terminados en una gran variedad de sectores industriales.

Figura No. 21, Propósitos Principales de la Economía Verde, Economía Circular y la Bioeconomía

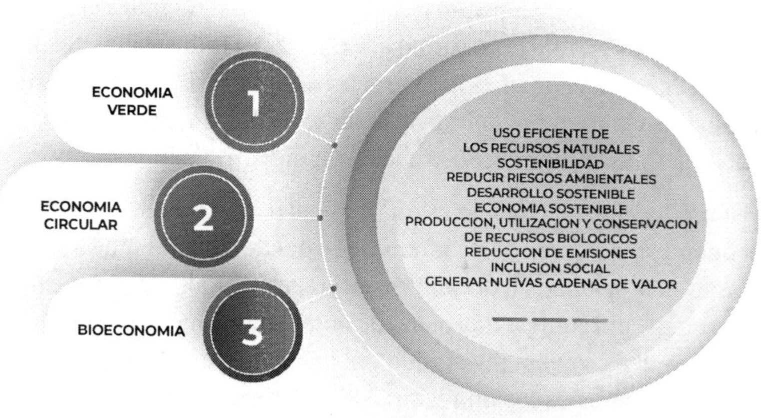

Figura No. 22, Ventajas y Beneficios que Ofrece la Cadena de Valor del Cáñamo

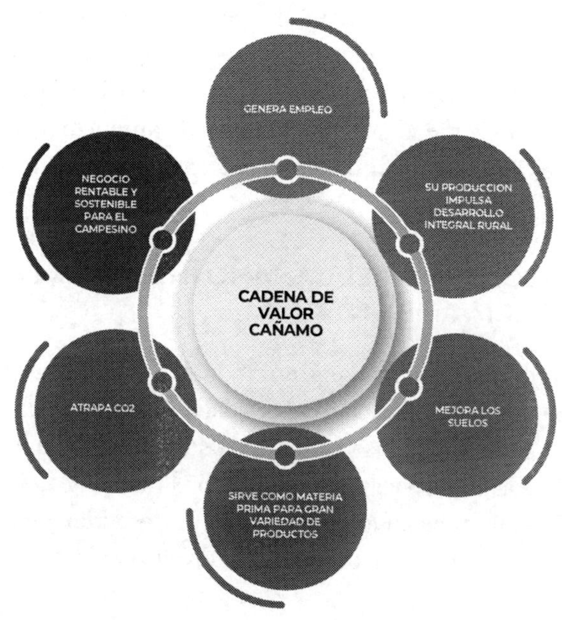

La producción de cáñamo para uso industrial presenta una gran oportunidad para la economía rural y nacional por la versatilidad de este producto natural, en lo que se refiere a que puede ser utilizada como insumo o materia prima para la elaboración de miles de productos terminados en una gran variedad de sectores industriales, tal como la industria farmacéutica, la industria textil, la industria de bioplásticos, la industria alimentaria, la industria de seo e higiene, la industria cosmética , la industria de la construcción, la industria papelera, etc.

La producción de cáñamo es una actividad agrícola, en el entorno de la economía biológica o bioeconomía, que puede contribuir de forma importante en la generación de empleo, en el sector rural, porque una hectárea sembrada de requiere una mano de obra directa que va entre 5 y 8 empleados, es decir, genera puestos de trabajo verdes en el campo, de igual forma para pequeños los propietarios de las tierras representa una gran oportunidad de negocio por los precios que se pagan por cada tonelada, situación que les va generar muy buenos ingresos por los rendimientos de los cultivos y por el margen rentable que deja este producto.

El sector rural agrícola, representados por las comunidades rurales campesinas, necesita que los productos que cosechen sean competitivos, les generen márgenes de rentabilidad que les permitan mejorar sus condiciones de vida y tener la seguridad que con el cultivo de productos agrícolas como el cáñamo pueden tener un futuro en su entorno natural como es el campo.

10. LA BIOECONOMÍA Y EL CAÑANO INDUSTRIAL AGENTES DE CONCIENCIA AMBIENTAL

El enfoque del cultivo de cáñamo en el contexto conceptual de la Bioeconomía genera un gran impulso a la necesidad que tiene la población mundial de cuidar, proteger y conservar los recursos naturales, la biodiversidad y las fuentes de agua, es decir, este cultivo en el marco de la Bioeconomía contribuye a seguir trabajando en el proceso de despertar conciencia de la necesidad de utilizar los recursos naturales con alto grado de sostenibilidad, con el fin de garantizar el suministro de todo lo que requiere el ser humano para sobrevivir en el planeta en un ambiente de alto sentido de respeto por los recursos naturales, la biodiversidad, el agua y el medio ambiente.

La Comisión Económica para América Latina y el Caribe (CEPAL) en el fuerte trabajo que viene realizando en la protección, cuidado y protección del medio ambiente propone a los Estados generar un Gran Impulso Ambiental (GIA) a partir la reorientación de políticas, regulaciones e inversiones con el propósito de enfrentar los actuales desafíos frente al uso sostenible de los recursos naturales, la biodiversidad, el agua y el medio ambiente para el sustento del ser humano.

El Gran Impulso Ambiental de la CEPAL está orientado a enfocar el crecimiento económico, la generación de empleo y el desarrollo de las cadenas productivas a la recuperación de la capacidad productiva del capital natural en el marco de la Bioeconomía Sostenible, con este sentido de sostenibilidad sugiere trabajar en los siguientes frentes:

- Descarbonización fósil y Energía limpia no fósil,
- Uso sostenible de la biodiversidad,
- Uso de la biomasa d desecho,
- Biodiseño y bioconstrucción,
- Producción sostenible de alimentos,
- Tratamiento y reuso de aguas servidas,
- Nuevos bioproductos y Nuevos sectores y cadenas

Figura No. 23, Enfoque Temático del Gran Impulso Ambiental y Bioeconomía, según la Cepal

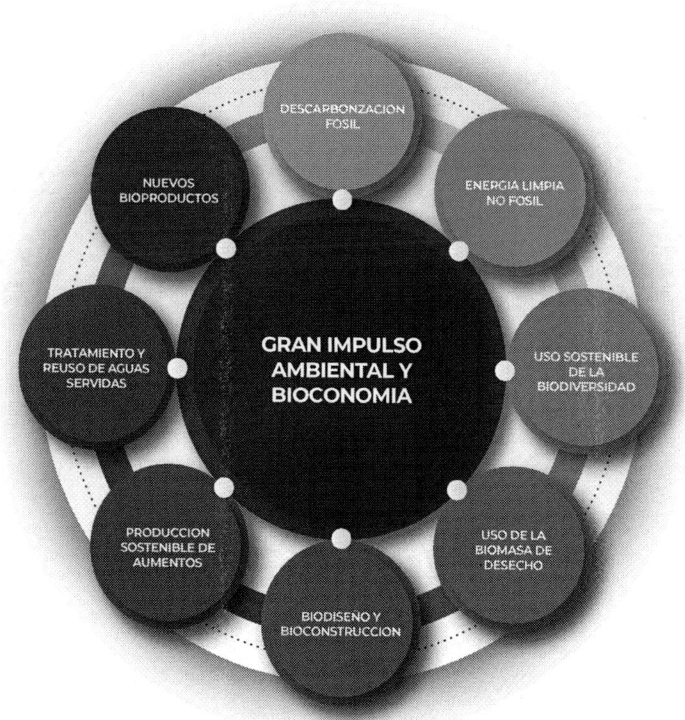

La CEPAL propone trabajar en un cambio estructural progresivo, en el marco conceptual de la Bioeconomía, porque proporciona un enfoque adecuado para la formulación de políticas orientadas a un proceso de transformación productivo sostenible soportado en tres elementos:

- Orientar actividades hacia procesos productivos intensivos en aprendizaje e innovación,
- Promover vínculo con mercados en rápida expansión,
- Aumentar la producción y el empleo

Figura No. 24, Formulación de Políticas Públicas en el Marco del Gran Impulso Ambiental y Bioeconomía

Capitulo 3

LA BIOECONOMÍA SOSTENIBLE UN INSTRUMENTO PARA COMBATIR Y MITIGAR EL CAMBIO CLIMÁTICO

1. PERSPECTIVAS DE LA BIOECONOMÍA EN LA LUCHA CONTRA EL CAMBIO CLIMÁTICO

El cambio climático es un fenómeno que requiere la mayor atención del mundo, es necesario el desarrollo de herramientas prácticas y un trabajo articulado de muchos actores para mitigar sus efectos, la Bioeconomía proporciona un excelente referente conceptual para el desarrollo de herramientas y la formulación de estrategias enfocadas a enfrentar el cambio climático.

Es mucho el camino a recorrer en el marco de la bioeconomía para generar herramientas con el fin de combatir, revertir y mitigar los efectos causados por el cambio climático, la investigación y desarrollo junto a la tecnología juegan un papel preponderante en este propósito de encontrar formas para mitigar y procesos de adaptación frente al cambio climático.

Son bastantes los retos y desafíos que se tienen con el cambio climático, la Bioeconomía con todo su contexto conceptual de la Bioeconomía puede contribuir de forma sustancial en la generación de herramientas prácticas que combatan eficientemente los efectos causados por el cambio climático.

En el campo de Bioeconomía y el cambio climático se debe trabajar con prioridad en el uso de herramientas tecnológicas para optimizar los modelos de predicción climática, optimizar la eficiencia y rendimientos de la producción agrícola, la eficiencia de sistemas de producción forestales, promover la producción de cultivos de biomasa polivalentes, promover el cultivo de productos agrícolas eficientes en la absorción de dióxido de carbono (CO_2), optimizar las metodologías para medir la captura de CO_2, etc.

Hoy la Bioeconomía, con todo su bagaje conceptual, representa una alternativa razonable para desarrollar políticas, estrategias, herramientas para hacer frente a los impactos generados por el cambio climático, bajo el amplio conjunto de conocimientos de la bioeconomía es posible direccionar los sistemas de producción agrícola hacia la utilización circular de los residuos de la biomasa con lo cual se genera un valor agregado que favorece el uso eficiente de los residuos y desechos.

Hay experiencias que se vienen realizando en varias partes del mundo para la absorción de dióxido de carbono con la siembra y cultivo de cáñamo industrial porque esta planta tiene excelentes propiedades para la captura de CO_2, de acuerdo a N – Amatic Systems la planta de cáñamo tiene cinco veces más eficiencia en la absorción de CO_2 que un bosque, en Gran Bretaña y Francia están cultivando miles de hectáreas de cáñamo para la absorción de CO_2 por la eficiencia en la absorción de dióxido de carbono y el uso versátil variados sectores industriales.

El amplio referente conceptual de la Bioeconomía en la lucha contra el cambio climático y el cultivo industrial de cáñamo, cuya biomasa se puede utilizar en amplios sectores industriales como materia prima para la elaboración de productos terminados, permite pensar el desarrollo de bioinsumos con el fin de suministrar la biomasa de cáñamo en múltiples sectores industriales para la elaboración de bioproductos.

Figura No. 25, Formas de Combatir el Cambio Climático con la Bioeconomía y Cultivo de Cáñamo Industrial

2. EL CAÑAMO MATERIA PRIMA NEGATIVA EN CARBONO

En el entorno de la Bioeconomía y del mundo de los productos sostenibles el cáñamo ocupa un lugar privilegiado porque su biomasa tiene importantes usos como materia prima o insumo en un gran número de industrias, pero el gran potencial de esta planta no solo se encuentra en la industria, sino que por sus excelentes propiedades de absorción de CO_2 está llamada a ser una gran aliada en la mitigación de los efectos causados por el cambio climático.

El cáñamo es una planta sostenible que en su ciclo natural de desarrollo captura importantes cantidades de dióxido de carbono (CO_2) presente en la atmósfera, el carbono es un elemento vital para ir fortaleciendo su estructura en el periodo de crecimiento y desarrollo, mediante el proceso químico de la fotosíntesis con la ayuda de la luz solar la planta sintetiza el carbono del CO_2 para su proceso de crecimiento.

En sus procesos de investigación la European Industrial Hemp Association (EIHA) con su asesor Mirizzi (2019)[1] afirman que la planta de cáñamo es una materia prima negativa en carbono "la naturaleza versátil del cáñamo representa potencialmente mercados descendentes de miles de millones d euros, en particular en la fabricación de biomateriales reutilizables, reciclables y compostables. Así pues, el cáñamo puede contribuir significativamente a eliminar las emisiones de carbono de productos esenciales para lograr una economía sostenible y próspera preparada para el futuro"

1 Mirizzi Francescom Wilson Catherine. El cáñamo un auténtico Pacto Verde. European Industrial Hemp Association. Bruselas, 2019

El cáñamo con fines industriales permite la elaboración de biomateriales reutilizables, que pueden ser reciclados y que sirven para la fabricación de compostaje, estas características lo posicionan como un producto sostenible que tiene un gran potencial para ayudar a capturar el CO_2 presente en la atmósfera.

La biomasa de cáñamo y las tecnologías BECCS (Bioenergy Carbon Capture and Storage) o Captura y almacenamiento de Carbono en Bioenergía permiten realizar un proceso de extracción de bioenergía a partir de la biomasa de cáñamo y de almacenamiento de carbono, es decir, que a través del uso de tecnologías BECCS de la biomasa de cáñamo se generan emisiones negativas de CO_2 porque se produce energía, se captura y almacena carbono.

3. CASO DE INGLATERRA(PROGRAMA 2030 – 80.000 HECTÁREAS SEMBRADAS PARA CAPTURA DE CO2)

La University de York, Biorenewables Development Centre, Lucid Insight y Kepier & Company Limited están desarrollando el proyecto "Hemp 30"[2] cuyo propósito es favorecer la expansión del cultivo de cáñamo para ser utilizada como materia prima en varios sectores industriales, además con el aumento significativo de la producción de biomasa en el Reino Unido se espera contribuir en la reducción de emisiones de gases efecto invernadero e impulsar la llamada Revolución Industrial Verde.

La ampliación del cultivo de cáñamo para uso industrial permitirá la absorción de 22 toneladas de dióxido de carbono por hectárea por año, el cáñamo captura más carbono que un bosque o que cualquier otro cultivo, el cáñamo tiene unas propiedades importantes para la regeneración, oxigenación y fertilidad de los suelos, razón por la cual este cultivo es una buena alternativa rentable para los productores agrícolas.

2 University de York, Biorenewables Development Centre, Lucid Insight y Kepier & Company Limited. Hemp 30 Phase I Final Report. Reino Unido, 2019.

La expectativa que tiene este proyecto es aumentar el número de hectáreas sembradas, pasar de 800 a 80.000 hectáreas, con el fin de fortalecer la industria de cáñamo en el Reino Unido, se esperan generar más de 700 millones de libras anuales (875 millones de dólares) a la economía británica y la absorción de aproximadamente 1.000.000 de toneladas de CO_2.

El proyecto se tiene previsto implementarlo en la primera etapa a lo largo de 10 años para consolidar la industria de cáñamo en el Reino Unido y explorar la incorporación de la biomasa de cáñamo, como materia prima o insumo, en varios sectores industriales para la fabricación de una gran variedad de productos terminados.

La segunda etapa de este interesante proyecto "Hemp 30" considera desarrollar procesos de innovación relacionadas con el uso de cáñamo industrial en el:

- Mejoramiento de nuevas variedades de cáñamo industrial y multiplicación de semillas: la Universidad de York ha establecido una plataforma de fitomejoramiento rápido de cáñamo,
- Desarrollo de metodologías novedosas para aumentar el rendimiento de biomasa de cáñamo por hectárea: el proyecto demostrará una tecnología de recolección innovadora para la recolección eficiente de cáñamo industrial del campo,
- Demostración de tecnologías innovadoras de procesamiento de cáñamo en granjas: el proyecto evaluará el uso de tecnologías de procesamiento de cáñamo vinculadas a la bioenergía, materiales de construcción y fibras textiles.
- Desarrollar cadenas de suministro, valor e innovación para el cáñamo industrial en el Reino Unido, el proyecto desarrollará un programa integral de creación de redes, materiales de comunicación e intercambio de información.

Figura No. 26, Proyecto Hemp 30 (Reino Unido)

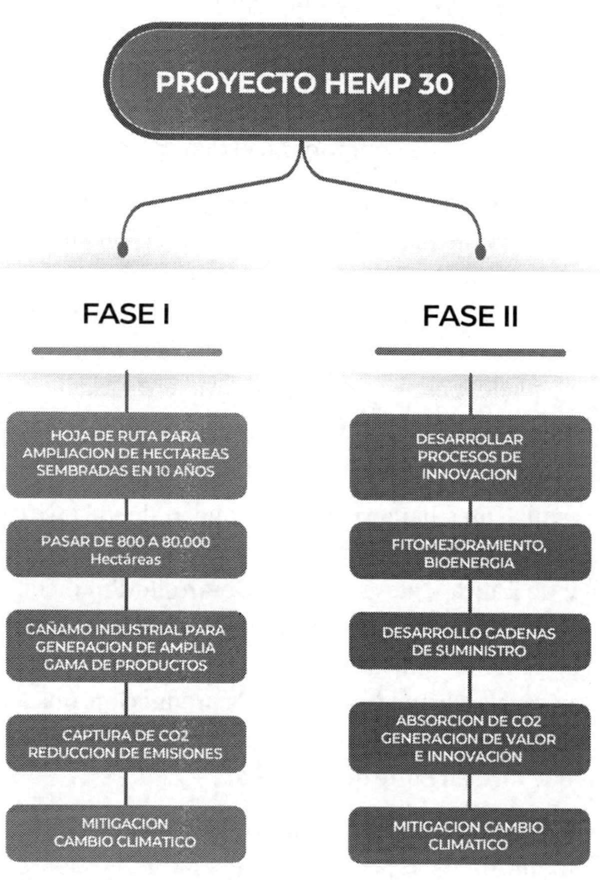

4. CASO DE OVEJAS (SUCRE) - AGENCIA DE DESARROLLO RURAL (ADR) - SIEMBRA DE 119 HECTÁREAS DE CAÑAMO INDUSTRIAL PARA PRODUCCIÓN DE BIOINSUMOS Y CAPTURA DE CO2

La empresa Sostenibilidad & Desarrollo Latam S.A.S. viene liderando el proyecto "Implementación del cultivo tecnificado de cáñamo, para la generación de ingresos e inclusión productiva del pequeño agricultor, en el municipio de Ovejas, departamento de Sucre" junto a las empresas Hemp Company CBD S.A.S. e IntelaAgro S.A.S., el objetivo principal del proyecto es mejorar los niveles de competitividad, producción, comercialización y sostenibilidad de las ofertas productivas agrícolas tradicionales, de las familias víctimas del conflicto armado ubicadas en los municipios de Ovejas y Los Palmitos en el departamento de Sucre.

La actividad agrícola del proyecto se concentra en la producción de cáñamo con fines industriales, tiene un enfoque de demanda con el fin de asegurar la generación de ingresos y promover estrategias de comercialización asociativa que permitan agregar valor y encadenamiento productivo inclusivo, la idea es establecer un modelo de comercialización en el cual las comunidades pasen a ser actores claves en la cadena de valor con integración y participación de mercados nacionales e internacionales.

El proyecto tiene un alto contenido de inclusión social y generación de ingresos suficientes para mejorar la calidad de vida de las familias desplazadas victimas del conflicto que fueron beneficiadas por la Agencia Nacional de Tierra y la Agencia de Desarrollo Rural con la adjudicación de tierra en la hacienda "La Europa", la primera etapa considera la siembra de cáñamo industrial en 119 hectáreas con la perspectiva de alcanzar altos niveles de rendimiento en la producción, una alta eficiencia en los procesos de comercialización y mejorar la calidad de vida de las familias que forman parte del proyecto.

El cultivo de cáñamo en el proyecto de Ovejas se orientará a la producción de bioinsumos, específicamente a la producción de biomasa con el propósito de suministrar materia prima de calidad para la extracción de celulosa con fines de fabricación de papel y cartón, pero el cáñamo es una planta polivalente que durante todo el proceso del ciclo del cultivo absorbe grandes cantidades de CO_2, importante propiedad que la convierte en una buena alternativa natural para capturar dióxido de carbono, principal gas efecto invernadero presente en la atmósfera, que ocasiona el aumento de temperatura en el planeta y los catastróficos efectos del cambio climático.

Figura No. 27, Objetivos del Proyecto Ovejas y los Palmitos
(Sucre, Colombia)

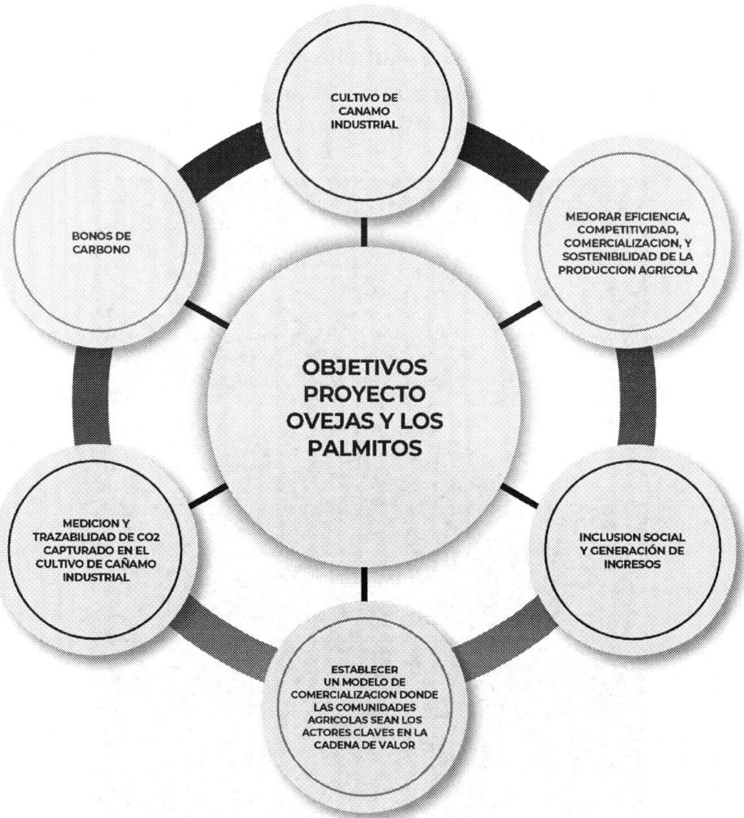

La empresa IntelaAgro S.A.S. fue invitada a participar en el proyecto de cultivo industrial de cáñamo en Ovejas por parte de la empresa Sostenibilidad & Desarrollo Latam S.A.S. con el objetivo de generar valor agregado, a partir del uso de herramientas tecnológicas sustentadas en inteligencia artificial, sensores de alta capacidad, agricultura inteligente y tratamiento científico de datos, para aumentar rendimientos en la producción y realizar la medición de la cantidad de toneladas de dióxido de carbono (CO_2) capturadas durante el ciclo de vida del cultivo de cáñamo.

En el proyecto de Ovejas, la medición y trazabilidad de la cantidad de toneladas de CO_2 absorbidas por la planta de cáñamo, mediante el proceso químico de fotosíntesis, durante el ciclo de crecimiento y desarrollo del cultivo es muy importante para la aspiración de conseguir recursos provenientes del mercado de bonos de carbono para garantizar la continuación del cultivo a largo plazo y mantener los beneficios económicos, sociales y ambientales del cultivo a las comunidades rurales agrícolas de Ovejas.

Los beneficios para las comunidades beneficiadas por el proyecto de Ovejas son de origen económico, social, ambiental, pero además el cultivo de cáñamo va a contribuir de forma relevante en la lucha contra el cambio climático por el atrapamiento de CO_2, en la zona de influencia del cultivo, se espera que el cultivo se extienda a 1.000 hectáreas, con lo cual la eficiencia en el secuestro de CO_2 aumenta considerablemente, de acuerdo a lo expresado por Pervaiz y Sain (2003)[3] en sus estudios, la capacidad de absorción del cáñamo es de 22 toneladas de CO2 por año/hectárea, solo es posible una cosecha debido a la presencia de las estaciones ocasionadas por los cambios del clima que se presentan al año, en el proyecto de Ovejas se pueden realizar 3 (tres) cosechas al año, razón por la cual se podrían capturar más de 66.000 toneladas de dióxido de carbono al año.

5. PROYECTO DE QAIROS ENERGIES (BIOMASS TECHNOLOGIES AND SOLUTIONS) EN FRANCIA PARA PRODUCIR ELECTRICIDAD CON CAÑAMO

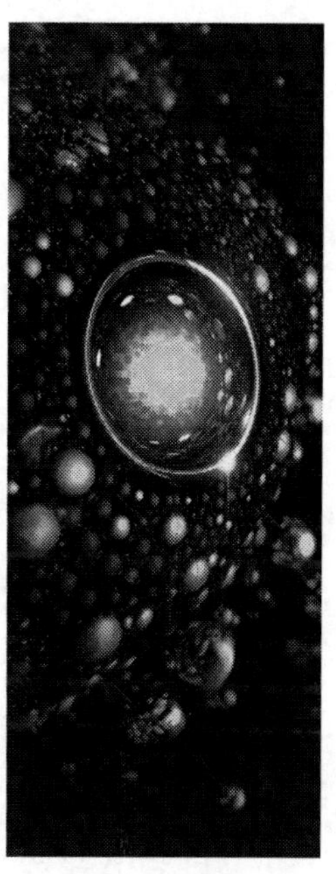

La empresa Qairos Energies es una organización cuya actividad principal es la producción de energías verdes, en el año 2022 anunció el propósito de dedicar importantes recursos para la generación de energía térmica y eléctrica a partir de la biomasa de cáñamo con la intención de incursionar de lleno en el mercado energético.

El proyecto de Qairos Energies localizado en la ciudad Mareil (Champagne) consiste en producir energía utilizando para ello el cáñamo, el plan de Qairos es la producción de hidrógeno verde utilizando para ello la biomasa proveniente de la planta de cáñamo para la generación de energía verde, con el propósito de alimentar las celdas de combustible de los buses que se utilizan en la prestación del servicio público en Francia.

3 Pervaiz Muhammad, M Sain Mohini, Carbon storage potential in natural fiber composites, Resources, Conservation and Recycling, Volume 39, Issue 4, 2003, Pages 325-340, ISSN 0921-3449, DOI: https://doi.org/10.1016/S0921-3449(02)00173-8. Hudson Carbon. New York Research.

La empresa Qairos Energies considera que hay tecnología madura para comenzar la producción de energía verde y con ello iniciar una "nueva revolución industrial en el campo de la energía", Qairos Energies plantea la necesidad de la industrialización del cáñamo con el fin de convertir este vector de producción energética en un eje impulsor de los territorios con nuevos modelos de desarrollo a partir de la producción de energía verde limpia, abundante y a bajo costo.

El objetivo de Qairos con la producción de energía verde es contribuir a que la movilidad de las personas se haga en un contexto limpio, por este motivo trabaja para que, con esta primera aplicación industrial la movilidad sea limpia, mediante la producción de hidrógeno verde y la pila de combustible que alimenta el motor, diseñado para el funcionamiento con este combustible, de los vehículos de transporte público, los cuales no emiten CO_2 ni ninguna partícula contaminante.

La idea de Qairos es también contribuir a la independencia energética de los territorios con los procesos de generación de energía a partir de los recursos renovables disponibles en las zonas rurales en el campo, es decir esta energía verde se consume cerca de la unidad donde se produce bajo los principios de la economía circular, evitando la construcción infraestructura para el transporte de la energía lo cual genera grandes inversiones económicas y problemas sociales, políticos y ambientales.

En síntesis, la idea de la empresa Qairos es producir hidrógeno verde en un amplio concepto de Bioeconomía circular mediante un proceso de piro gasificación (evita tener que gestionar residuos), según Qairos Energies proceso clave para producir hidrógeno verdaderamente verde, este proceso Qairos Energies lo realiza en los siguientes cinco pasos:

1. El cultivo, siembra y cosecha de la biomasa de cannabis
2. Molienda, triturado de la biomasa en partículas pequeñas,
3. Secado y mezclado para obtener un material homogéneo,
4. Pirogasificación, transformación de sólido en gas mediante calor,
5. Reacción agua gas, donde se recolecta biogás de metano e hidrógeno

Figura No. 28, Proceso de Producción de Hidrógeno Verde (fuente: Qairos Energies)

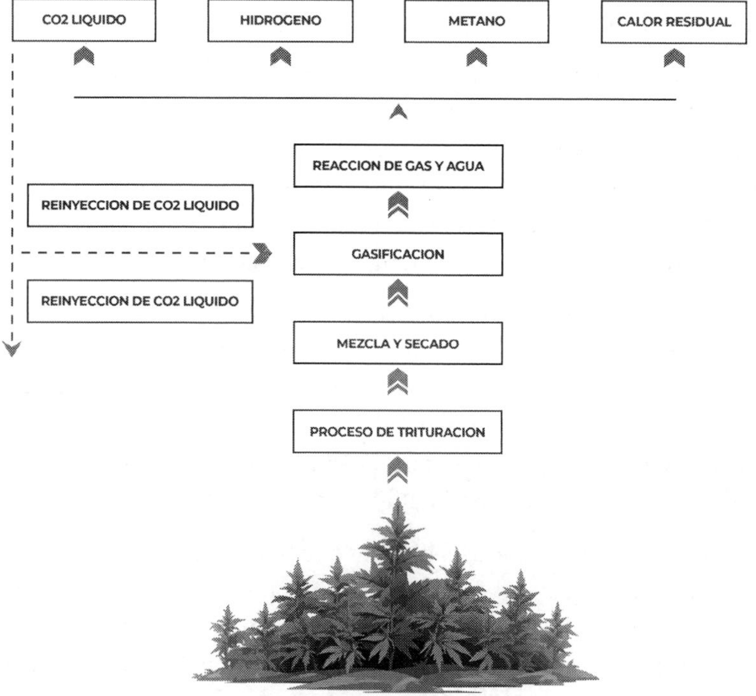

6. EL PROYECTO DE GEOPARK COLOMBIA PARA LA PRODUCCION DE BIOENERGIA Y BIOCOMBUSTIBLES

La empresa Geopark en alianza estratégica con Sostenibilidad & Desarrollo Lata, S.A.S. e IntelaAgro S.A.S. vienen estructurando un proyecto que combina la captura de CO_2 medición y trazabilidad, generación de energía y biocombustibles a partir del uso de la biomasa de cáñamo en la población de Monterrey, en el departamento de Casanare, el proyecto considera la siembra a campo abierto de 500 hectáreas con un estimado de crecimiento de hasta 5.000 hectáreas.

El proyecto se realizará en el ámbito conceptual de la Bioeconomía circular el principal objetivo se direcciona a la generación de energía térmica a partir de la biomasa de cáñamo con biochar, que es la forma de elaborar carbón a partir de biomasa vegetal sometiéndola a altas temperaturas en un ambiente de bajo contenido de oxígeno por medio de un proceso llamado pirólisis.

La bioenergía es un tema importante que se va explorar durante el desarrollo del proyecto porque es un tipo de energía renovable cuya fuente de generación se obtiene a partir de la materia orgánica o biomasa que se produce por medio del cultivo de cáñamo, con lo cual se clasifica el cáñamo como un cultivo energético porque la biomasa se utiliza como fuente de producción de energía de carácter renovable.

El uso de materia orgánica industrialmente para producir energía se viene fortaleciendo como alternativa para mitigar los efectos causados por el cambio climático, el resultado del trabajo en el campo de la bioenergía se plasma en el surgimiento de los biocombustibles en donde encontramos el biodiesel, el bioetanol y el biogás, estos biocombustibles permiten reemplazar los combustibles de origen fósil.

La bioenergía es uno de los objetivos que tiene previsto abordar el proyecto, generar energía con la biomasa de cáñamo tiene grandes ventajas porque es una fuente de energía renovable y al mismo tiempo sirve como sumidero de carbono durante el ciclo de crecimiento del cultivo, el cáñamo tiene la propiedad de capturar CO_2 y al mismo tiempo se fuente generadora de energía por esta razón el cáñamo es un excelente producto para ser utilizado en la tecnología BECCS (Bioenergy Carbon Capture and Storage, Bioenergía con captura y almacenamiento de carbono) con el objetivo de atrapar y almacenar carbono presente en la atmósfera.

El proyecto Geopark con todo el potencial que genera la biomasa de cáñamo tiene a largo plazo incursionar en el negocio de bioinsumos, una oportunidad de negocios que genera el uso polivalente de la biomasa en múltiples sectores industriales, es decir, la utilización de la biomasa de cáñamo como materia prima en la elaboración de productos terminados en gran variedad de sectores industriales de la economía del país.

Figura No. 29, Proyecto Geopark

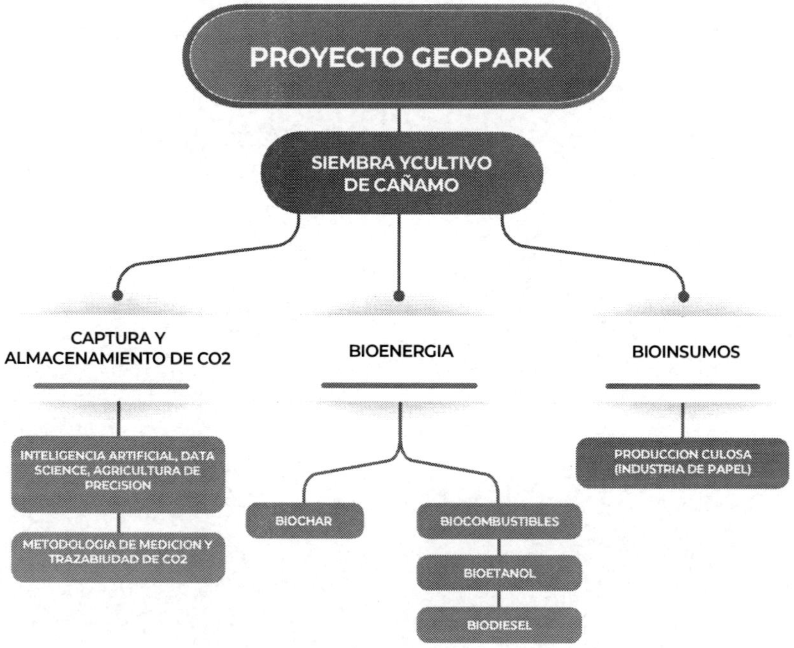

Capitulo 4

LA TECNOLOGÍA, LA INVESTIGACIÓN Y LA INNOVACIÓN ALIADOS ESTRATÉGICOS DE LA BIOECONOMÍA

1. LA INVESTIGACIÓN, LA TECNOLOGÍA Y LA INNOVACIÓN EJES PILARES DE LA BIOECONOMÍA

El desarrollo estructurado de la bioeconomía necesita del acompañamiento permanente de unas líneas definidas de investigación, el uso de herramientas tecnológicas con alto grado de desarrollo y la generación de innovación empresarial en procesos, productos y servicios, este trío se convierte en el eje estructural sobre el cual a corto, mediano y largo plazo la bioeconomía va adquirir un peso específico relevante en los nuevos modelos de desarrollo sostenibles de la economía contemporánea.

La investigación, la tecnología y la innovación son instrumentos impulsores de la bioeconomía, se convierten en muy buenos aliados para su fortalecimiento, en ese contexto se aprecia el continuo avance y desarrollo de las ciencias de la computación, como es el caso de la inteligencia artificial, la agricultura inteligente, la biotecnología y la nanotecnología, estas herramientas científicas y tecnológicas ofrecen un potencial prometedor de desarrollo en diversas áreas de la bioeconomía para la consolidación de la bioeconomía como núcleo principal del desarrollo sostenible.

La investigación, la tecnología, la innovación y el cultivo de cáñamo para uso industrial en el contexto de la bioeconomía permiten el desarrollo y fortalecimiento sectorial del cáñamo industrial como fuente de crecimiento económico sostenible de la economía colombiana, la versatilidad del uso de la biomasa de cáñamo como materia prima o insumo le atribuye un potencial transformador de la producción agrícola sostenible, rentable y productiva.

El cultivo de cáñamo para uso industrial, en el marco de la bioeconomía, se potencializa exponencialmente con la investigación, la tecnología y la innovación y genera excelentes perspectivas para el fortalecimiento de la industria y mercado de cáñamo, con lo cual esta industria contribuirá de forma importante en el crecimiento dela economía colombiana y en el fortalecimiento de la estructura económica del país con efectos positivos especialmente sobre las comunidades rurales agrícolas campesinas, así de esta forma la industria de cáñamo impulsa de forma significativa el desarrollo rural en condiciones sostenibles, con alta eficiencia en los cultivos y con buena rentabilidad para los productores agrícolas.

Figura No. 30, Ejes Pilares de la Bioeconomía

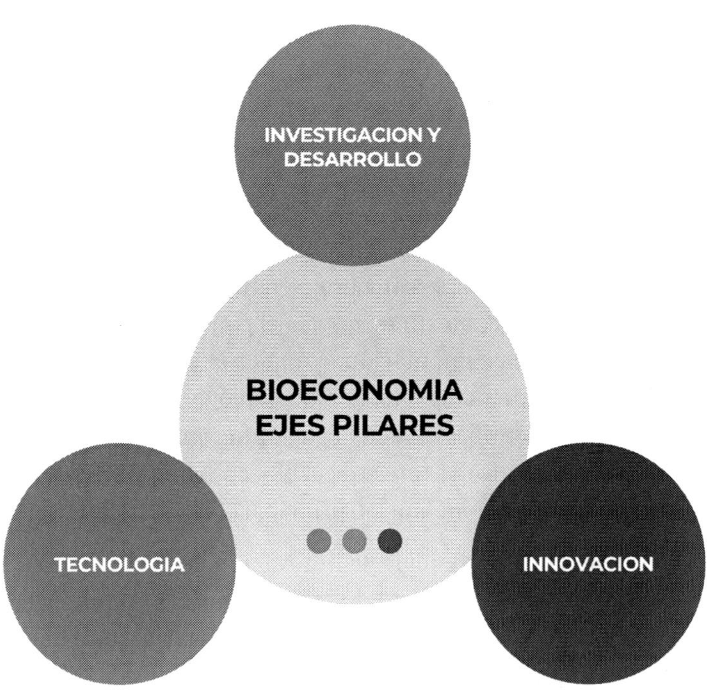

Es importante tener presente las recomendaciones expresadas por la CEPAL respecto al acceso de los desarrollos en el campo de la biotecnologíay a las tecnologías de punta que son dominadas por los países desarrollados, razón por la cual los países en vías de desarrollo deben fortalecer sus sistemas de I + D con el fin de aprovechar la riqueza de biodiversidad y recursos biológicos para generar valor a partir de la producción innovadora de procesos, servicios y productos teniendo como fuente los recursos biológicos.

El sector empresarial de pequeñas y medianas empresas son las que, por lo general, generan procesos, servicios, productos innovadores en el campo de la bioeconomía, lo cual implica que el Estado impulse a este sector empresarial agrícola rural, en primer lugar, con la promoción de políticas públicas favorables para su desarrollo y fortalecimiento, así como generar líneas de financiamiento blandas.

2. LA INVESTIGACIÓN Y DESARROLLO ASEGURAN EL CAMINO DE LA BIECONOMIA

La Bioeconomía es una buena alternativa para transitar hacia modelos que hagan un uso sostenible de los recursos naturales y la biodiversidad, circunstancia que implica la utilización de recursos biológicos para la elaboración de productos, procesos y servicios sostenibles para alcanzar la consolidación de la bioeconomía como núcleo del desarrollo sostenible, es indispensable recurrir a procesos estructurados de investigación y desarrollo con la idea de profundizar la gestión del conocimiento al servicio de modelos de desarrollo sostenibles.

La investigación tiene una relevancia importante en la construcción de modelos de desarrollo sostenibles, en el marco de la bioeconomía, son bastantes los temas relevantes que se deben considerar en los procesos investigativos para consolidar la bioeconomía como eje estructural en los modelos de desarrollo sostenible, algunos de estos temas, de acuerdo a las recomendaciones de la CEPAL[1] son:

1 Rodríguez, adrián G., Rodrigues, Monica Dos Santos, Sotomayor Echenique, Octavio. Hacia una bioeconomía sostenible en América Latina y del Caribe. CEPAL, 2019.

1. Biodiversidad
2. Eco intensificación: procesamiento biológico de residuos agrícolas y agroindustriales,
3. Biotecnología,
4. Bioinsumos y Bioproductos,
5. Biorrefinerías, biocombustibles
6. Bioenergía

La Segunda Cumbre Global de Bioeconomía, Berlín 2018 (2nd Global Bioeconomy Summit) también plantea una serie de temas estratégicos que deben ser objeto de investigación para fortalecer el ámbito de la bioeconomía, estos temas son los siguientes:

- Fuentes sostenibles de proteína para la nutrición humana y animal;
- Dietas saludables, incluyendo la producción sostenible y acceso a los alimentos y la promoción de cambios de comportamiento;
- Aplicaciones en la salud, la alimentación y el ambiente a partir de microorganismos;
- La bioenergía como parte de la matriz energética;
- El manejo sostenible de suelos y agua;
- La conservación y regeneración de ecosistemas;
- La conceptualización y realización de bio-ciudades;
- El desarrollo de materiales sostenibles, especialmente para enfrentar la crisis de contaminación causada por los plásticos;
- El desarrollo de enfoques para minimizar las pérdidas de alimentos; y
- La medición y el monitoreo del impacto de la bioeconomía.

Es importante fortalecer la infraestructura de investigación, redes y recursos económicos para potencializar y aprovechar la riqueza conceptual que ofrece la biodiversidad, la bioeconomía y la circularidad en los nuevos modelos de desarrollo y crecimiento económico sostenibles, de igual forma es importante fortalecer los canales de cooperación científicas y tecnológicas.

Figura No. 31, Importancia de la Investigación y Desarrollo en el Marco de la Bioeconomía

El camino de la investigación y desarrollo son temas esenciales para la bioeconomía que con seguridad llevan a la innovación de productos, servicios y procesos, con estos temas estratégicos se espera fortalecer la estructura económica del país a través de la generación de empleo y el impulso al crecimiento sostenible con el fin de mejorar la vida de las personas y contribuir al fortalecimiento de la comunidades rurales agrícolas y de la sociedad.

3. LA TECNOLOGIA PILAR DE DESARROLLO DE LA BIOECONOMÍA

La bioeconomía le abre al país un importante camino para asegurar un futuro mejor, sin lugar a dudas la ciencia y la tecnología tienen un papel protagonista en la búsqueda de encontrar salidas a la transformación productiva de la estructura económica, especialmente en sector de la agricultura, en condiciones respetuosas con los recursos naturales y la sostenibilidad.

La Bioeconomía es una buena alternativa para transitar hacia modelos que hagan un uso sostenible de los recursos naturales y la biodiversidad, esta alternativa muy prometedora implica la utilización de recursos biológicos para la elaboración de productos, procesos y servicios sostenibles para alcanzar un buen nivel de consolidación de la bioeconomía es indispensable el uso de la ciencia tecnología, con las cuales se pueden desarrollar herramientas amigables y sostenibles.

El sector de producción agrícola, la bioeconomía y la tecnología están llamado a cumplir una función vital en la generación de instrumentos para mitigar los efectos causados por el cambio climático, la agroindustria es un sector productivo de origen biológico que pueden elaborar alimentos con altas calidades nutritivas y cultivos que capturan grandes cantidades de CO_2 mediante el proceso de fotosíntesis.

El resultado de los procesos de investigación en la biotecnología, las ciencias agrarias y alimentarias demuestran el gran avance soportado en herramientas tecnológicas están mejorando la capacidad competitiva de los sectores productivos agrícolas.

La Biotecnología se alimenta, consolida y proyecta de la investigación y de la tecnología para generar procesos de innovación con el fin de contribuir desarrollo de la bioeconomía regional y al fortalecimiento del sector de producción agrícola y de esta manera avanzar en la competitividad del mercado de producción agrícola a partir de la generación de conocimiento y desarrollos científicos y tecnológicos.

Figura No. 32, Importancia de la Tecnología en el Marco de la Bioeconomía

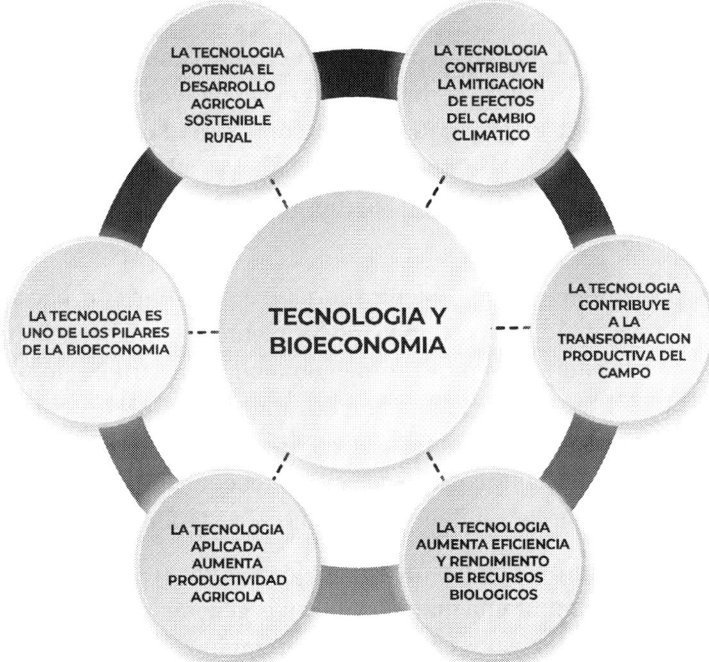

La tecnología, la investigación y la bioeconomía son fuerzas dinamizadoras de transformación, promoción del crecimiento, desarrollo inteligente, responsable y sostenible de las comunidades agrícolas campesinas rurales, con certeza la tecnología, la investigación y la bioeconomía permiten hacer una gestión sostenible de los recursos naturales, la protección del medio ambiente y la construcción de modelos de crecimiento bioeconómicos responsables y respetuosos de los recursos biológicos.

El fortalecimiento de la bioeconomía, en el sector rural agrícola, requiere un gran énfasis en el uso de tecnologías aplicadas con el objetivo de mejorar la productividad, eficiencia y rendimiento de los cultivos, además en estos procesos de investigación y tecnología en la producción agrícola es indispensable generar instrumentos para la transmisión y transferencia de conocimiento con el fin de asegurar que los productores agrícolas hagan un proceso de apropiación del conocimiento efectivo.

Es importante enfatizar que para sacar un máximo provecho a la bioeconomía es esencial tener un profundo conocimiento de los recursos biológicos disponibles, el acompañamiento de comunidades científicas como las universidades o centros especializados de investigación, la disponibilidad de tecnología para ofrecer a los productores agrícolas las mejores condiciones para cosechar biomasa de alta calidad y enviar a los mercados productos competitivos, eficientes y sostenibles.

4. LA INNOVACION CONSOLIDA EL AVANCE SOSTENIDO DE LA BIOECONOMÍA

La investigación y desarrollo han logrado, por la gestión del conocimiento, el crecimiento de conocimiento que al mismo tiempo ha permitido importantes avances en la consolidación de la bioeconomía como modelo de desarrollo y crecimiento sostenible alternativa viable que impulsa el desarrollo rural sostenible y aporta de forma considerable al fortalecimiento de la estructura económica del país.

La generación y disponibilidad de conocimiento, soportado en la investigación, abre las puertas a la innovación como elemento potenciador de la bioeconomía convirtiéndose en agente impulsor de la agricultura sostenible, la generación de empleos verdes en el sistema de producción agrícola, el aumento de la productividad y el progreso de las comunidades agrícolas rurales.

Es importante articular la interacción entre las empresas ligadas al mercado de producción agrícola, las universidad, centros de investigación y el sector público para lograr innovación en lo que se refiere a procesos, productos o servicios en el campo de la bioeconomía, la innovación en la cadena de valor de la producción agrícola en condiciones sostenibles con seguridad fortalecerá la bioeconomía como camino seguro, responsable y sostenible del crecimiento económico del país.

El trabajo estructurado que se viene realizando en el campo de la biotecnología ofrece a los productores agrícolas importantes resultados para mejoramiento de las plantas, permite responder a los desafíos de la seguridad alimentaria y atender la transformación productiva sostenible, incluyente y rentable de los agricultores, de igual forma presenta herramientas que contribuyen a adaptar los cultivos a los cambios generados por el cambio climático

La investigación, desarrollo, tecnología e innovación son pilares esenciales en el fortalecimiento de la bioeconomía, su trabajo articulado genera una importante sinergia, el resultado de este trabajo debe ser el desarrollo de nuevos bioproductos, los avances científicos y tecnológicos en el entorno de la bioeconomía son de gran utilidad en la consolidación de modelos de desarrollo fundamentados en la sostenibilidad.

La bioeconomía está demostrando la capacidad de construir modelos de bioeconomía con enfoque multidimensional, es decir, un modelo bioeconómico en el que se consideran temas estratégicos como sostenibilidad ambiental, responsabilidad social, sostenibilidad económica y sostenibilidad tecnológica, la idea es es encontrar un camino productivo que impulse tecnologías limpias y el aprovechamiento sostenible de los recursos naturales renovables.

5. LA INDUSTRIA 4.0

La dinámica que vive el campo de la tecnología con el surgimiento continuo de nuevas herramientas tecnológicas está generando una nueva tendencia en el sector empresarial e industrial, en la forma de hacer negocios con el uso articulado de estas nuevas herramientas en diferentes industrias para optimizar procesos productivos industriales, es decir, hay una tendencia industrial a utilizar una serie de herramientas tecnológicas para mejorar los procesos productivos con el objetivo de aumentar la eficiencia, el rendimiento, y la productividad.

La Industria 4.0 la define Sukhodolov (2019)[2] "como un nuevo modelo industrial para la autoorganización y la autogestión de sistemas de producción totalmente automatizados, que aprenden autónomamente y que son interactivos, en los que el núcleo son las nuevas tecnologías digitales y las tecnologías de Internet, y el papel de los humanos está limitado a su inicio, control y mantenimiento técnico, lo que requiere nuevas competencias de especialistas industriales modernos y está acompañado de cambios sociales".

La nueva tendencia del uso convergente de herramientas tecnológicas se denomina Industria 4.0, conocida también como la cuarta revolu-

2 Sukhodolov, Y. A. (2019). The Notion, essence and peculiarities of Industry 4.0 as a sphere of industry. In: Popkova, E. G. et al. (2019). Industry 4.0: industrial revolution of the 21st century. Warsaw, Poland: Springer.

ción industrial, esta tendencia en varios sectores industriales hacia una industria inteligente está generando un proceso de transformación que no solo está impactando el campo empresarial e industrial sino también el desarrollo de la vida cotidiana de las sociedades en el mundo.

Los principios esenciales sobre los cuales actúa la Industria 4.0, de acuerdo a García Ortega (2020)[3], son los siguientes:

1. El seguimiento en tiempo real de los procesos de producción,
2. Análisis en tiempo real de los procesos,
3. La monitorización remota y virtual de los procesos (para buscar eficiencia y evitar fallos),
4. La autonomía de los diferentes sistemas ciberfísicos en el análisis de datos y la toma de decisiones,
5. La modularización del sistema para producir de un modo flexible y personalizado, adaptable a los cambios de la demanda
6. Análisis de datos en tiempo real para generar información estratégica

García Ortega (2020) define un sistema ciberfísico como "un mecanismo, por ejemplo, una máquina, dotado de capacidades de computación y de comunicación, estrechamente conectado con Internet, de modo que actúa e interactúa con otros sistemas o personas de forma inteligente".

3 Garrcía Ortega, Beatriz. Industria 4.0. La cuarta revolución industrial. Universidad Politécnica de Valencia, Escuela Técnica Superior de Ingeniería Industrial, Departamento Organización de Empresas. Valencia, España, 2020.

Figura No. 33, Principios Industria 4.0

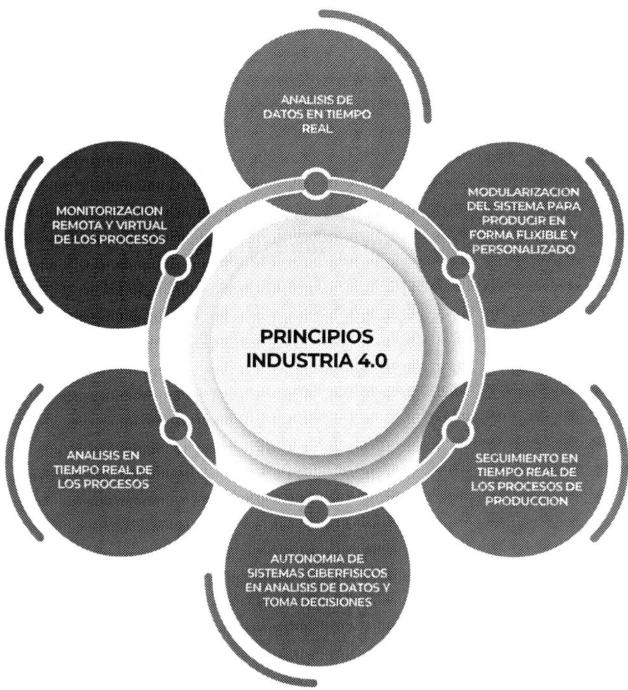

La Industria 4.0 hoy es posible debido al desarrollo de gran variedad de herramientas tecnológicas que permiten un alto nivel de hiperconectividad, con lo cual se asegura una eficiente red de comunicaciones para la recopilación, envío, almacenamiento y procesamiento de datos en tiempo real con el fin de generar información estratégica para la gestión de los procesos de producción y la toma de decisiones.

La esencia de la Industria 4.0 se soporta sobre los siguientes ejes, según lo expresa García Ortega (2020):

1. La digitalización y la virtualización de los procesos industriales y no industriales,
2. La gestión de los datos y la información,
3. La vinculación de tecnologías digitales y los medios de producción o ejecución para generar fábricas o sistemas inteligentes,
4. La comunicación de los sistemas inteligentes e interactividad con otros sistemas y con el entorno para mejorar todos estos procesos

Las herramientas tecnológicas que utiliza hoy la **Industria 4.0** son las siguientes:

- Internet de las cosas o IoT,
- Big Data
- Data Science,
- Inteligencia Artificial,
- Computación en la Nube,
- Realidad Aumentada,
- Simulación Virtual, Robótica,
- Sensórica,
- 5G,
- Blockchain

La combinación y uso integrado de la gran variedad de herramientas tecnológicas impulsa a la generación de nuevos paradigmas y a un proceso de transformación en múltiples actividades de la vida, como la forma de hacer negocios surgen nuevos modelos de negocio, surgen nuevos modelos de producción más eficientes y sostenibles, en fin, la Industria 4.0 cambia la vida de las personas y la sociedad.

La Industria 4.0 está cambiando el mundo empresarial y de los negocios, es un mundo dominado por los datos y la información, las empresas que más se beneficiarán con el impacto de la Industria 4.0 y con la irrupción de herramientas tecnológicas serán las que orienten sus negocios y procesos productivos hacia el uso de plataformas tecnológicas porque la digitalización, el tratamiento de datos, la generación de información estratégica para la toma de decisiones y la velocidad con que se actúe en los mercados marca la diferencia en la competitividad y posicionamiento en los mercados, la gestión estratégica de los datos y la información otorgan hoy poder en el mercado.

Figura No. 34, Herramientas Principios Industria 4.0

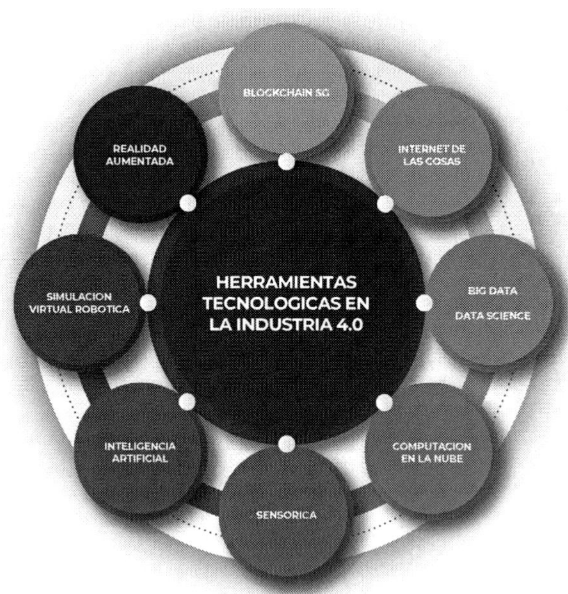

6. EL CAÑAMO EN EL ENTORNO DE LA BIOECONOMÍA Y LA INDUSTRIA 4.0 EN EL SENDERO DE UN CULTIVO INTELIGENTE

La producción de cáñamo para uso industrial, en el entorno conceptual de la Bioeconomía, genera un gran potencial para que la transformación productiva sostenible del campo sea incluyente, eficiente, productiva, inteligente y rentable, la tecnología es una excelente herramienta para impulsar la transformación y aumento de la eficiencia en la producción agrícola con los continuos avances y la irrupción de nuevas herramientas tecnológicas.

La Industria 4.0 es un nuevo enfoque tecnológico que debe contribuir a fortalecer los modelos de crecimiento y desarrollo económico sostenibles, y la transformación productiva del campo, lo cual significa poner a disposición del entramado de la Bioeconomía todas las herramientas tecnológicas para optimizar los métodos de trabajo y los procesos de producción del sector agrícola.

La empresa IntelaAgro S.A.S. viene trabajado de la mano con Sostenibilidad &Desarrollo Latam S.A.S., Hemp Company CBD S.A.S. en alianza estratégica empresarial para mejorar la eficiencia, rendimiento y productividad del cultivo de cáñamo con fines industriales con la incorporación de tecnología en los procesos de producción agrícola como inteligencia artificial, redes de comunicación, sensores tecnológicos, Data Science, agricultura de precisión, agricultura inteligente y el nuevo modelo para la autoorganización y la autogestión de sistemas de producción representado en la Industria 4.0.

Con seguridad la Industria 4.0 y inteligencia artificial, redes de comunicación, sensores tecnológicos, Data Science, agricultura de precisión, agricultura inteligente van a contribuir de forma significativa en el desarrollo del sector agrícola sostenible con el fin de generar procesos de producción inteligentes eficientes y sostenibles, a través de la convergencia articulada de estas herramientas tecnológicas entre las cuales se encuentran las tecnologías digitales y las tecnologías de internet que forman parte del entorno conceptual de la Industria 4.0.

La empresa IntelaAgro S.A.S., por su socio tecnológico, dispone de una plataforma tecnológica de inteligencia artificial que en articulación con tecnología sensórica, la agricultura de precisión, la agricultura inteligente, Data Science, las redes de comunicación, tecnologías digitales y tecnologías de internet permiten contribuir a la gestión sostenible y eficiente en la producción agrícola, cuya experiencia inicial se realizó con el cultivo de cáñamo para uso industrial.

7. LA BIOECONOMÍA VISLUMBRA UN FUTURO SOSTENIBLE DE LAS COMUNIDADES RURALES Y URBANAS

La Bioeconomía hoy se presenta como una excelente alternativa para enfrentar los efectos causados por el aumento de la temperatura en el planeta, el amplio y rico contenido desarrollado por la Bioeconomía permite construir nuevos modelos de desarrollo y crecimiento económico que sean sostenibles, eficientes, rentables y respetuosos de los recursos naturales renovables, es una excelente herramienta para asegurar un futuro prometedor a las presentes y futuras generaciones desde el entorno rural. La Bioeconomía hoy debe ser rodeada por todas las instancias políticas, científicas, tecnológicas, económicas y sociales para ofrecerle todas las condiciones necesarias para su pleno desarrollo, la Bioeconomía abre caminos viables para enfrentar los efectos causados por la crisis del clima, para diseñar modelos de desarrollo y crecimiento sostenible, para asegurar un futuro a las presentes y futuras generaciones.

La Bioeconomía con su amplio contenido conceptual nos brinda la oportunidad de contrarrestar la intensiva actividad humana que ha ocasionado serios y graves problemas a la población mundial, hoy la humanidad enfrenta grandes retos y desafíos para asegurar su supervivencia, tales como, la inseguridad alimentaria, la reducción de la biodiversidad, la escasez de agua, las migraciones por el clima, la contaminación ambiental, la deforestación, el aumento de los Gases Efecto invernadero, todo lo anterior se traduce en el llamado Cambio Climático.

La Bioeconomía es, tan solo, una excelente respuesta a la crisis del clima, las instancias políticas, sociales, científicas, ambientales, tecnológicas deben hacer un fuerte trabajo de articulación para encontrar nuevas salidas para enfrentar el Cambio Climático porque lo que está en juego es la supervivencia de la humanidad, es importante adquirir conciencia de la necesidad de trabajar conjuntamente en la búsqueda de salidas y soluciones que aseguren la continuación de la vida en el planeta.

La Bioeconomía brinda amplias oportunidades para construir un modelo de desarrollo sostenible y ofrecer respuestas a los desafíos ambientales, sociales, económicos y tecnológicos que deber ser atendidos con el fin de garantizar un futuro promisorio para todos en condiciones de sostenibilidad y respeto por los recursos biológicos naturales renovables

La Bioeconomía es una solución integral para construir modelos de desarrollo sostenibles en donde se deben integrar los nuevos avances científicos y tecnológicos con el fin de avanzar en el camino de construcción de procesos productivos sostenibles que permitan que, a través, de los recursos y procesos biológicos se generen productos, procesos y servicios en múltiples sectores industriales de la estructura económica del país.

Finalmente, el amplio contenido conceptual de la Bioeconomía permite construir un modelo de crecimiento y desarrollo económico sostenible a partir de:

- Una economía sostenible y un modelo económico sostenible,
- Una gestión del conocimiento soportada en la sostenibilidad, eficiencia y respeto por los recursos naturales y biológicos,
- Unos procesos sistemáticos y estructurados de investigación que permita la aplicación inmediata de los avances científicos,
- El uso de herramientas limpias y amigables en un entorno sostenible,
- La innovación empresarial sostenible enfocada al aprovechamiento de los recursos naturales y biológicos.

Figura No. 35, La Bioeconomía una Solución Integral para Diseñar Modelo de Desarrollo Sostenible

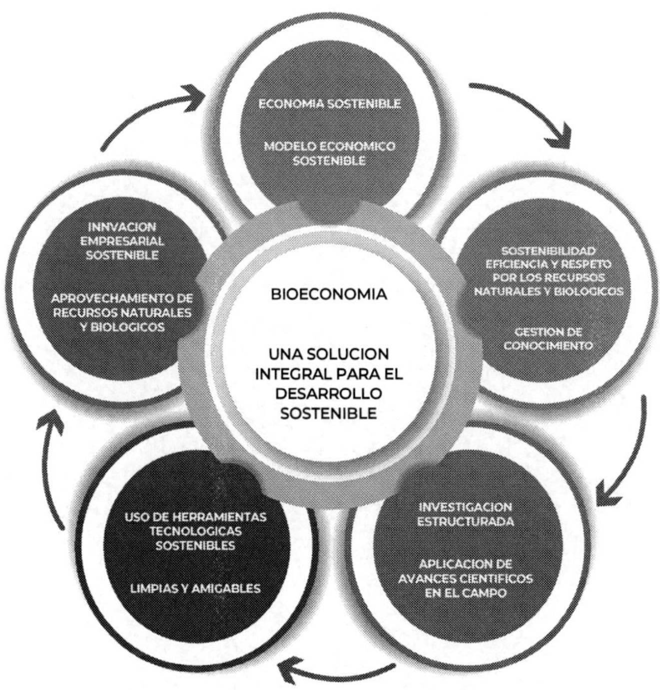

"En el escenario actual del cambio climático, las fibras naturales, especialmente el cáñamo, tienen un excelente potencial para reducir no solo las emisiones de CO2 sino también ahorrar recursos no renovables en varios sectores industriales al sustituir, por ejemplo, el refuerzos de fibra de vidrio en los termoplásticos de los automóviles".

Capitulo 5

LA BIOECONOMÍA Y EL CULTIVO DE CAÑAMO INDUSTRIAL BENEFICIOS AMBIENTALES, SOCIALES, ECONÓMICOS Y TECNOLÓGICOS

"En el escenario actual del cambio climático, las fibras naturales, especialmente el cáñamo, tienen un excelente potencial para reducir no solo las emisiones de CO_2 sino también ahorrar recursos no renovables en varios sectores industriales al sustituir, por ejemplo, el refuerzos de fibra de vidrio en los termoplásticos de los automóviles".

1. CONTRIBUCION DE LA INDUSTRIA DE CAÑAMO AL DESARROLLO DEL PAIS

El desarrollo intensivo del cultivo de cáñamo para uso industrial en Colombia, en el marco referencial conceptual de la bioeconomía, va a producir biomasa de calidad y generar importantes aportes al desarrollo de las comunidades agrícolas del país, especialmente a las comunidades rurales campesinas, porque en el desarrollo del modelo intensivo industrial del cultivo de cáñamo sostenible sobresalen las dimensiones económicas, sociales, ambientales y tecnológicas para impulsar la producción agrícola y el progreso de las comunidades rurales agrícolas campesinas en condiciones de sostenibilidad y circularidad bajo los parámetros de la bioeconomía.

La empresa IntelaAgro S.A.S. para el desarrollo de su actividad empresarial en el campo diseñó un modelo de producción sostenible fundamentado en la bioeconomía, la circularidad y la sostenibilidad para contribuir a la transformación productiva del campo, ayudar al progreso de las comunidades agrícolas campesinas y ofrecer tecnología a los productores agrícolas con el propósito de mejorar los rendimientos, la productividad, la eficiencia y la rentabilidad de los productos de cáñamo inicialmente para posteriormente ofrecer las herramientas tecnológicas con las que dispone para todos los productos agrícolas.

Figura No. 36, Contribución del Cultivo de Cáñamo para el Desarrollo Sostenible del País

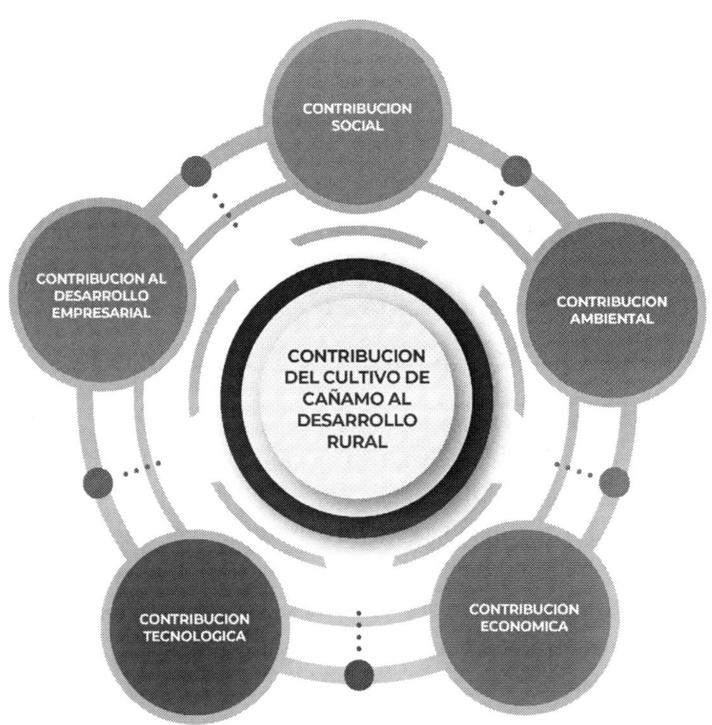

El modelo de producción agrícola industrial que diseñó IntelaAgro se denomina "Modelo Asociativo Campesino de Producción Sostenible", cuyos principios esenciales se sustentan en la bioeconomía, la circularidad y la sostenibilidad, con el Modelo Asociativo Campesino se busca trabajar con la población agrícola para que sus procesos productivos agrícolas sean eficientes, utilicen y tengan acceso a tecnología, generen alto rendimiento, sean incluyentes, tengan buena rentabilidad y sean sostenibles, en los numerales siguientes se presentan los beneficios, ventajas e impactos positivos que el cultivo de cáñamo de uso industrial va a generar progreso al campo y un buen aporte a la estructura económica del país.

1.1. Contribución económica al país por la producción de cañamo

1.1.1. RECAUDACIÓN DE NUEVOS INGRESOS TRIBUTARIOS

El desarrollo de la industria de cáñamo con fines de uso industrial en el entorno referente de la bioeconomía, le va a generar al país importantes ingresos por el pago de impuestos, en la Figura No. Xx, se puede observar la generación de impuestos en función de las hectáreas sembradas para la producción de cáñamo con fines industriales, la industria requiere un gran apoyo por parte del Estado, el sector privado y los diferentes grupos de interés vinculados a la cadena de valor de la siembra de cáñamo para uso industrial para fortalecer y como industria próspera contribuir a la consolidación del aparato productivo del país.

Figura No. 37, Ingresos a la Nación por Pago de Impuestos Provenientes de la Producción de Cáñamo

El apoyo articulado del sector público, el sector privado y los grupos de interés junto al marco referente conceptual de la bioeconomía fortalecerán la naciente industria de cáñamo con el fin de tener una economía sustentada en la bioeconomía más robusta para asegurar el recaudo proveniente del pago de impuestos y de esta forma contribuir al desarrollo económico y social en la procura de alcanzar un grado importante de bienestar a la sociedad.

1.1.2. FORTALECIMIENTO DE LA NACIENTE INDUSTRIA DE CAÑAMO

Encontrar nuevos mercados o sectores industriales de la economía en los que se pueda utilizar el cáñamo como materia prima para la elaboración de productos terminados va a dinamizar y fortalecer la industria de cáñamo para uso industrial, por ejemplo la industria de la bioenergía, la industria del papel y cartón puede contribuir de forma importante en el fortalecimiento de la industria de cáñamo, el instrumento para alcanzar este objetivo pueden ser los convenios empresariales, en el marco referente conceptual de la economía biológica o bioeconomía, que tiene como propósito realizar procesos de investigación y desarrollo con el fin de ir sustituyendo la materia prima de origen forestal por materia prima cuyo origen sea el cáñamo.

El cáñamo ofrece a los empresarios del sector de papel y cartón importantes beneficios económicos porque aproximadamente el 20% de la producción de biomasa se destina para la extracción de celulosa con fines de fabricación de papel y cartón, el 80% restante de la biomasa se destina para la elaboración de otros productos terminados, los cuales generan importantes ingresos.

La sustitución de materia prima proveniente del cáñamo para la elaboración de papel y cartón abre posibilidades a los empresarios del sector papelero a participar en nuevos modelos de negocios sostenibles, diversifica las posibilidades de inversión y le garantiza el suministro de materia prima sostenible para la elaboración de una gran variedad de productos terminados, en variados sectores industriales de la economía del país.

Gráfica No. 38, Impacto y Contribución Económica del Proyecto Producción Sostenible de Cáñamo

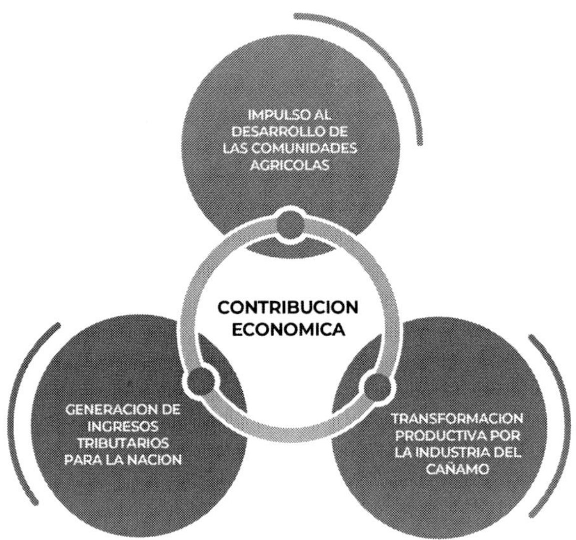

1.2. Contribución social de la producción de cañamo

1.2.1. GENERACIÓN DE EMPLEO RURAL

La siembra y cultivo de cáñamo con fines de uso industrial presenta una gran oportunidad para la creación de puestos de trabajo verdes especialmente en el sector rural, de acuerdo al DANE (Departamento Nacional de Estadística) en el informe sobre el desempeño del mercado laboral en agosto del 2023 la tasa de desempleo rural fue del 7%.

Según el informe de mercado laboral en el 2023, en el mes de mayo, las personas ocupadas en actividades de agricultura, ganadería, caza, silvicultura y pesca fueron 4,7 millones, en el mismo periodo del 2022 la cifra que se registró fue de 4,5, es decir que hubo un aumento de 204.000 personas que se ocuparon y encontraron empleo en el sector rural.

La experiencia de algunos cultivos de cáñamo a campo abierto permiten establecer que un cultivo de este tipo requiere entre 5 a 8 trabajadores por hectárea, lo cual significa que si se llegaran a cultivar 100.000 hectáreas de cannabis se podrían llegar a generar entre 500.000 y 800.000 empleos directos, los empleos indirectos pueden llegar a ser entre 1.500.000 y 2.400.000, en el siguiente cuadro se puede apreciar el comportamiento de los empleos directos e indirectos en función de la cantidad de hectáreas sembradas en producción.

Tabla No. 39, Generación e Empleo Directo e Indirecto del Cultivo de Cáñamo para Uso Industrial

El fortalecimiento de la industria de cáñamo para uso industrial, en el entorno conceptual de la bioeconomía, en el país va traer grandes beneficios en lo que se refiere a la economía, a lo ambiental y a lo lo social por la generación estable de empleo directo e indirecto y el uso responsable, inteligente y sostenible de los recursos naturales renovables.

1.2.2 APORTE AL DESARROLLO SOCIAL DE COMUNIDAD RURAL

La siembra y cultivo de cáñamo con fines industriales, sin lugar a dudas, va tener un impacto positivo sobre el desarrollo de las comunidades rurales porque en primer lugar la generación de empleo en el campo es uno de los mayores problemas que enfrentan en el sector rural, en la medida que los campesinos tengan acceso al trabajo las condiciones de vida cambian de forma considerable porque les da acceso a los beneficios que ofrece la seguridad social, van a mejorar su calidad de vida y a obtener mayores índices de bienestar integral.

1.3. Contribución al desarrollo empresarial con la producción de cañamo para uso industrial

1.3.1. DESARROLLO DE LA CADENA DE VALOR

La cadena de valor de la siembra y cultivo de cáñamo con fines industriales acompañada del fortalecimiento de la industria de cannabis con fines medicinales e investigativos en el marco de la bioeconomía, representan una oportunidad para los empresarios que desarrollan su actividad económica en la producción agrícola porque el desarrollo de la cadena de valor trae consigo la creación de nuevas empresas con carácter sostenible ligadas a los eslabones de la cadena de producción.

El cultivo y siembra de cáñamo produce en Colombia biomasa de cáñamo de alta calidad que es fuente de materia prima para la fabricación de productos, esto significa que la producción de biomasa a partir del cáñamo genera bioinsumos para la elaboración de productos terminados en bastantes sectores industriales de la economía del país.

1.3.2. FORTALECIMIENTO DEL MERCADO DE CAÑAMO PARA USO INDUSTRIAL

La exploración mediante el enfoque conceptual de la bioeconomía, la investigación y desarrollo para encontrar aplicación, como materia prima o insumo para la elaboración de productos finales, le va ir abriendo camino al mercado de cáñamo con fines industriales en los diferentes sectores de la industria nacional, como es el caso por ejemplo del sector textil, el sector de la construcción, el sector de alimentos, el sector de alimentos para animales, el sector de los bioplásticos, el sector de los abonos y fertilizantes, el sector de la tintas y pinturas, el sector farmacéutico, el sector cosmético, el sector de aseo, entre otros.

1.3.3. LA SUSTITUCIÓN DE MATERIA PRIMA DE ORIGEN FORESTAL POR CAÑAMO OFRECE A LOS EMPRESARIOS DEL PAPEL NUEVOS MODELOS DE NEGOCIOS

Los empresarios del sector de papel y cartón que se involucren en la sustitución de materia prima proveniente del cáñamo para la producción de papel y cartón tienen oportunidades de participar en nuevos modelos de negocio sostenible sustentados en la cadena de valor del cultivo y siembra de cáñamo para fines industriales.

Figura No. 40, Contribución al Desarrollo Empresarial con la Producción Sostenible de Cáñamo

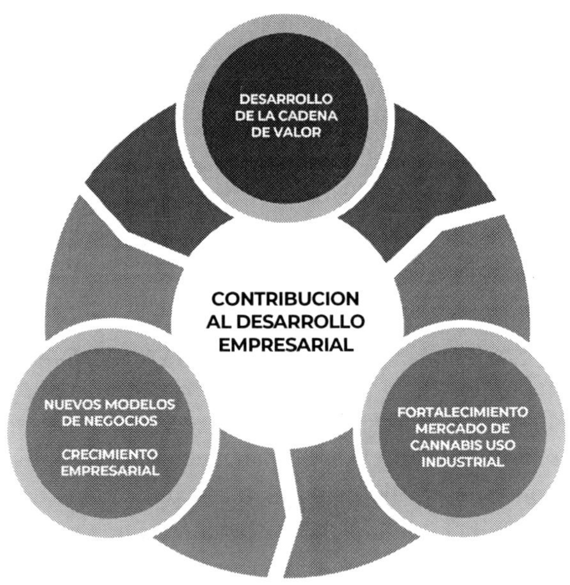

El hecho de comenzar a utilizar celulosa proveniente del cáñamo como materia prima para la fabricación de papel y cartón le genera un importante valor agregado y sostenibilidad a la industria papelera porque ofrece la oportunidad de diversificar sus inversiones participando de nuevos modelos de negocios sostenibles, lo que trae beneficios económicos a los empresarios del sector papelero.

1.3.4 CONTRIBUCIÓN AL FORTALECIMIENTO DE LA ASOCIATIVIDAD EMPRESARIAL RURAL

La actividad de la producción agrícola de cáñamo con fines industriales en el marco de la bioeconomía va generar un gran dinamismo económico en el sector empresarial rural porque se van a requerir bienes y servicios en cada uno de los eslabones de la cadena de valor de la siembra y cultivo de cáñamo.

En la medida que aumenten la cantidad de hectáreas cultivadas la actividad económica empresarial en la zona rural va adquirir una gran demanda y movimiento de insumos necesarios en la actividad agrícola situación que va a favorecer la relación empresarial especialmente de las empresas que operan bajo un espíritu asociativo.

El trabajo con enfoque en el espíritu de la asociatividad va dinamizar las relaciones sociales, en lo que se refiere al trabajo solidario, en un ambiente de cooperación y ayuda mutua entre los que forman parte de las personas y familias que participan en la producción de cáñamo para uso industrial, trabajar bajo el espíritu de asociatividad ayuda a fortalecer el tejido social de las comunidades y construir una sociedad rural con gran fortaleza social.

Gráfica No. 41, Impacto y Contribución Social de la Producción Sostenible de Cáñamo

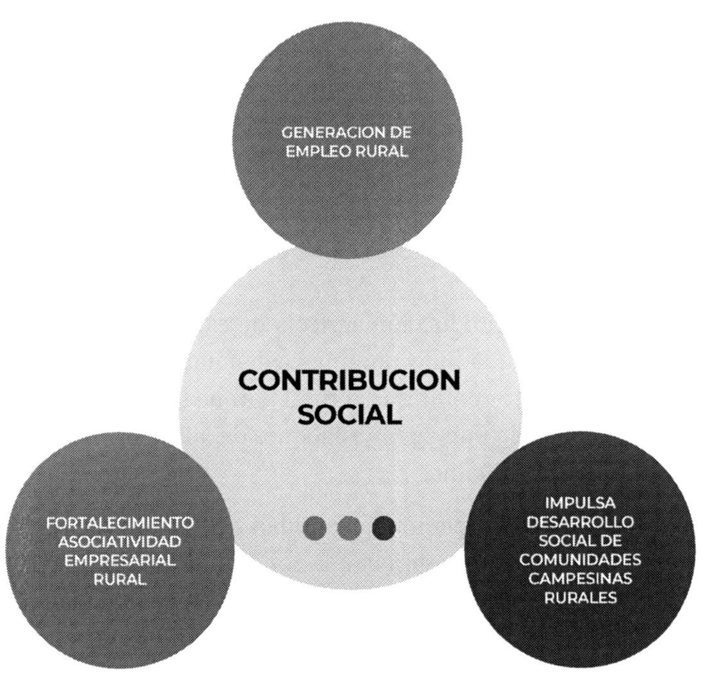

1.4. Contribución ambiental de la producción de cañamo con fines industriales

1.4.1. PRODUCTION SOSTENIBLE DE CAÑAMO

La industria de cáñamo tiene la gran responsabilidad de realizar su actividad de producción agrícola de forma sostenible, la naciente industria tiene una gran oportunidad en el marco de la bioeconomía circular de generar una cultura de sostenibilidad con todo lo que tenga que ver a lo largo de la cadena de valor de la producción agrícola de cáñamo con fines industriales.

El cambio climático y el aumento de la temperatura son temas prioritarios, en toda la actividad agrícola, que deben abordar desde un criterio sostenible los productores, la bioeconomía genera un gran marco conceptual con amplios contenidos para el desarrollo de una actividad agrícola sostenible. Es posible sobre la cadena de valor del cáñamo y en todos los eslabones del cultivo de cáñamo aplicar los conceptos de bioeconomía y sostenibilidad para hacer un uso racional de los recursos naturales, la protección de las fuentes de agua, el cuidado de los bosques, la biodiversidad y el medio ambiente.

1.4.2. EL CICLO DE PRODUCCIÓN DE CAÑAMO ES DE 120 DÍAS

Las condiciones climáticas de la localización geográfica de Colombia le permiten sembrar y cultivar durante todo el año, situación que favorece la productividad en el cultivo de cáñamo con fines industriales, el periodo de madurez de la planta a los 120 días y el rendimiento de la planta por hectárea hacen que sea muy atractiva para la producción de biomasa con el fin de que sea materia prima para la elaboración de productos terminados.

Las empresas Hemp Company CBD S.A.S. y Sostenibilidad & Desarrollo Latam S.A.S. vienen desarrollando cultivos de cáñamo para uso industrial a campo abierto en los municipios de Guaduas (Cundinamarca) y Momíl (Córdoba) con excelentes resultados en los rendimientos de producción, en Guaduas se han obtenido índices de rendimiento del orden de 35 toneladas por hectárea, mientras que en Momíl los resultados de rendimiento han sido sorprendentes 50 toneladas de biomasa de alta calidad por hectárea, estos rendimientos de productividad en el ciclo de producción de 120 días permite hacer pronósticos muy prometedores para el uso de la biomasa con fines industriales y para la absorción de dióxido de carbono (CO_2) durante el proceso de crecimiento y desarrollo del cultivo de cáñamo.

1.4.3. EL CAÑAMO ES MUY EFICIENTE CON LA ABSORCION DE CO_2

La planta de cáñamo presenta propiedades de atrapar CO_2, es un producto agrícola que secuestra el dióxido de carbono al igual que otros productos como el trigo, la caña de azúcar y la soya, se ha estimado que el cáñamo atrapa aproximadamente 22 toneladas de CO_2 por hectárea al año.

La producción de cáñamo con fines industriales trae importantes beneficios para el medio ambiente, los centros de poder empresarial en el sector de papel en Colombia y el Gobierno deben ver establecer una agenda común para impulsar el desarrollo de la sustitución de fuentes forestales para la fabricación de papel por el cáñamo producto que presenta un escenario de impactos positivos sobre el medio ambiente.

Los resultados obtenidos por el equipo de agrónomos de las empresas Hemp Company CBD S.A.S. y Sostenibilidad & Desarrollo Latam S.A.S. permiten hacer proyecciones muy promisorias para la captura de dióxido de carbono (CO_2) en los cultivos de cáñamo a campo abierto para uso industrial, de acuerdo al equipo técnico de estas empresas la proyección de absorción del cultivo de cáñamo industrial puede llegar a ser de 35 toneladas de CO_2, estos resultados obtenidos, entre otros por la fertilidad de los suelos en la costa caribe y la genética de las semillas utilizadas, perfilan tanto al país como al cultivo de cáñamo industrial como líderes en la captura de CO_2 de la atmósfera.

1.4.4. LA PLANTA DE CAÑAMO PRESENTA UN CONSUMO SOSTENIBLE DE AGUA

El agua es un recurso natural esencial para la actividad agrícola porque de su presencia en las cantidades indicadas se aprovecha todo el potencial de la tierra para aumentar el rendimiento de un producto agrícola.

La demanda de agua de un cultivo depende del estado de desarrollo en que se encuentre la planta, las características del suelo, las condiciones climáticas como temperatura, humedad relativa y viento, el cáñamo requiere de un volumen aproximado de 250 a 400[1] mm por ciclo del cultivo, aunque otros estudios han demostrado consumos hasta de 535[2] mm por ciclo del cultivo, la mayor demanda se presenta en la etapa de crecimiento.

El consumo de agua del cáñamo se asemeja a los consumos establecidos para el cultivo de maíz que se encuentra en un rango de 290 a 420 mm por ciclo del cultivo o de la soya que se encuentra en un rango de 215 a 450 mm por ciclo del cultivo.

El Instituto de Medio Ambiente de Estocolmo[3] en el año 2005 publicó un informe en que comparaba dos fibras naturales: algodón y cáñamo con el poliéster, el estudio concluyó que el algodón consume un 50% más de agua que el cáñamo, por lo que el algodón requiere mucha irrigación, razón por la cual la industria algodonera causa muchos problemas ambientales.

1 Fassio A, Rodríguez J. y Ceretta S. Cáñamo, Instituto Nacional de Investigación Agropecuaria, Ministerio de Ganadería, Agricultura y Pesca, Uruguay, 2014.

2 Lisson, S.N., mendham, N.J. (1998). Response of fiber hemp (Cannabis sativa L.) to varying irrigation regimes. Journal of the International Hemp association 5(1): 9-15.

3 DW, cadena pública alemana, 2019. https://www.dw.com/es/es-el-c%C3%A1%C3%B1amo-realmente-una-planta-milagrosa/a-50662466

Es importante manifestar que aproximadamente la mitad del agua requerida para el cultivo de cáñamo proviene del ciclo regular natural de lluvias que se presenta en las zonas donde se realiza la producción agrícola de cáñamo para uso industrial.

Tabla No. 1, Consumo de Agua por Ciclo del Cultivo de Algunos Productos Agrícolas

CULTIVO	CONSUMO DE AGUA POR CICLO DEL CULTIVO (mm de agua)
CAÑAMO	250-400
MAIZ	290-420
SOYA	215-450
ALGODON	500-800

1.4.5. TODAS LAS PARTES DE LA PLANTA DE CAÑAMO SE UTILIZAN PARA ELABORAR PRODUCTOS TERMINADOS

La gran ventaja que genera la planta de cáñamo es el importante valor agregado por su modelo de negocio en el que cada una de las partes de la planta como la raíz, el tallo, la hoja, las flores y las semillas son aprovechados, ya sea como insumo o materia prima para la elaboración de productos terminados.

El tallo es la parte de la planta que se utiliza para la extracción de celulosa producto esencial para la fabricación de papel representa entre el 25 y 34% de la biomasa de cáñamo, la hoja más la flores representa el 26%, la raíz el 12%, la semilla el 16% y la semilla clasificada el 12%.

Con la hoja, las flores, la raíz, la semilla se pueden elaborar un sinnúmero de productos terminados en destacados sectores industriales de la economía, las ventas de estos productos generan ingresos importantes, incluso mayores a la venta del tallo con el cual se elabora el papel.

1.4.6. CON CAÑAMO SE PUEDEN ELABORAR UNA GRAN CANTIDAD DE PRODUCTOS TERMINADOS

La panta de cáñamo es una planta con muchas propiedades que puede ser utilizada en muchas industrias como fuente de materias primas para la elaboración de productos terminados, según lo expresado por la ingeniera agrícola uruguaya Mariela Ibarra quien trabaja como asesora técnica del Ministerio de Ganadería, Pesca y Agricultura en el documento Cáñamo en Uruguay, se estima que el cáñamo industrial se utiliza para elaborar más de 25.000 productos.

A continuación, se presentan algunos de los productos que se pueden elaborar a partir del tallo, la hoja, la flor y la semilla.

Figura No. 42, Algunos Productos que se pueden Elaborar con el Tallo del Cáñamo

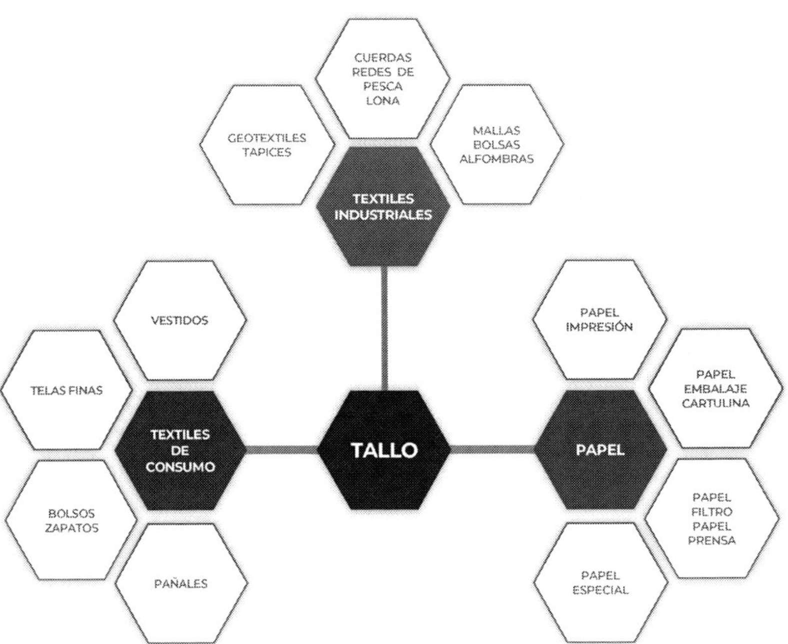

Figura No. 43, Algunos de los Productos que se pueden Elaborar con la Hoja de Cáñamo

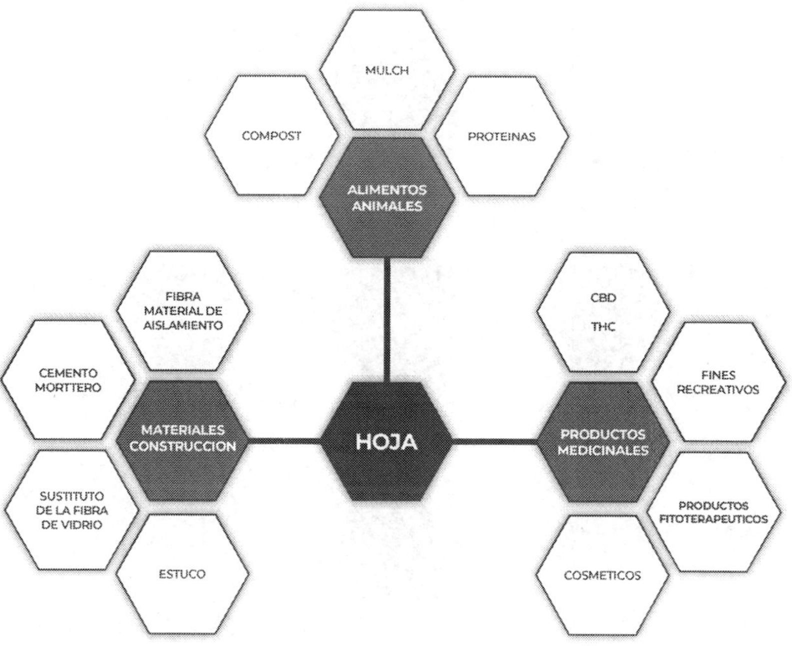

Figura No. 44, Algunos de los Productos que se pueden Elaborar con la Semilla de Cáñamo

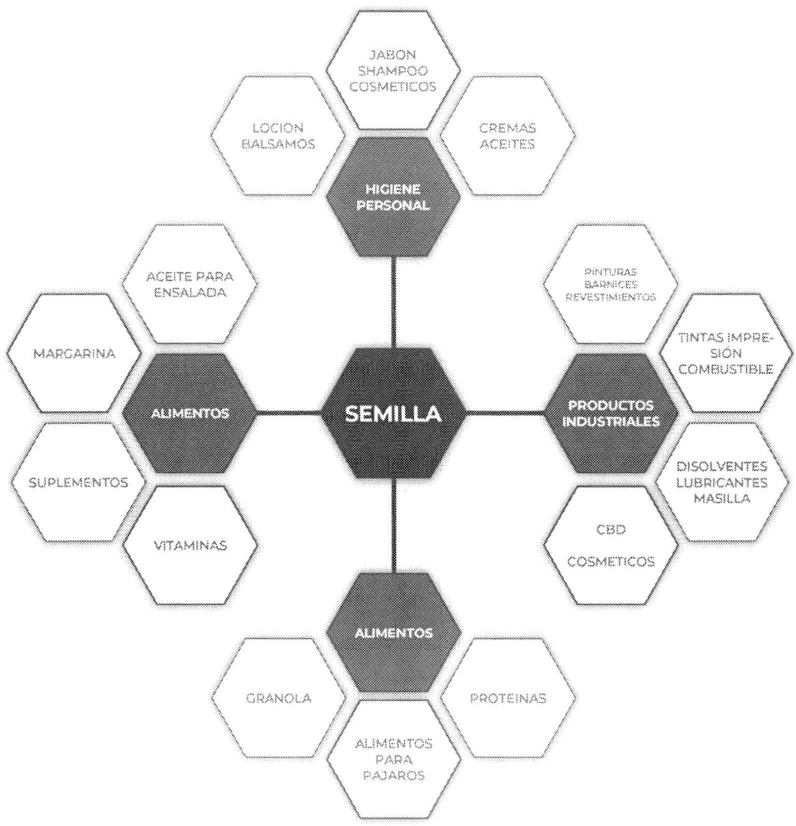

Los recientes cambios en la legislación de algunos países de américa Latina, especialmente, han permitido potencializar el mercado de cáñamo con usos industriales, lo cual representa una buena alternativa para dinamizar la economía de Colombia y los aparatos productivos de la economía de los países latinoamericanos.

1.4.7. LA SIEMBRA INDUSTRIAL DE CAÑAMO CONTRIBUYE A LA PROTECCION DE ARBOLES Y BOSQUES

Es importante que la industria de cáñamo logre un crecimiento sostenido, especialmente para la producción de papel, porque la producción de celulosa a partir de cáñamo con el propósito de fabricar papel y cartón traerá grandes beneficios a la sociedad global debido que ya no habría necesidad de cortar árboles para suministrar la materia prima para la elaboración de papel y cartón.

La presencia y cuidado de los árboles y los bosques son una herramienta importante para controlar el aumento de la temperatura en el planeta, en Colombia con la producción nacional para la fabricación de papel y cartón que llegó a ser, en el año 2019, de 6.159.000 (seis millones ciento cincuenta y nueve mil) toneladas, las cuales equivalen a 6.259.146 de metros cúbicos que resulta de la siguiente operación:

1 metro cúbico X 0,984 toneladas

= 6.159.000 toneladas

Entonces, X = 6.259.146 M3

La Cámara de la Industria de Pulpa, Cartón y Papel de la ANDI en su informe sectorial establece que en Colombia para la fabricación de papel y cartón, en el año 2017, se utilizó como materia prima el 26,7% proveniente de la fibra virgen de madera de plantaciones forestales, el 60,81% proveniente de fibra reciclada y 12,42% de la fibra virgen proveniente del bagazo de la caña de azúcar.

Una vez establecidos los metros cúbicos producidos durante el año 2019, se procede a hacer un cálculo aproximado de la cantidad de árboles que fueron necesarios cultivar y cortar para producir esa cantidad de toneladas necesarias para suplir las necesidades del mercado de papel y cartón en Colombia, para ello se toman como referencia unos cálculos estimados por Ospina (2006)[4] respecto a la cantidad de metros cúbicos que puede generar un árbol de estas especificaciones: longitud de 24,4 metros y un diámetro de 19,1 centímetros.

Este ejercicio que se realiza, es solamente, para tener una idea de la cantidad de árboles necesarios para satisfacer las necesidades de consumo de papel y cartón en el mercado colombiano.

El cálculo que se hizo para estimar la cantidad de árboles para alcanzar la producción nacional de 6.259.146 M3, asumiendo que el volumen por árbol es 2 veces el calculado por Ospina (2006), en el año 2019 es el siguiente:

Cantidad de árboles = (6.259.146 M3 / (0,3007)*2 M3)*0,267 = 2.778.836 árboles

Con las consecuencias generadas por el fenómeno del calentamiento global estos 2.778.836 (Dos millones setecientos setenta y ocho mil ochocientos treinta y seis) árboles son una cantidad importante de árboles, por este motivo es urgente la acción, planificación y ejecución en la sustitución de materia prima para la elaboración de papel y cartón.

4 Ospina P., C. M., Hernández R., R. J., Rodas P., C. A., Urrego, J. B., Godoy B., J. A., Aristizábal, F. A., El Eucalipto, Guías silviculturales para el manejo de especies forestales con miras a la producción de madera en la zona andina colombiana. Federación Nacional de Cafeteros y Cenicafé, 2006.

Cuadro No. 1, Producción de Pulpa, Papel y Cartón en Colombia

PRODUCCION NACIONAL DE PULPA, PAPEL Y CARTON EN COLOMBIA 2015-2019					
	PRODUCCION (En Miles de Toneladas)				
TIPO DE PAPEL	AÑO 2015	AÑO 2016	AÑO 2017	AÑO 2018	AÑO 2019
1. PULPA PARA MADERA EN ROLLO Y PARTIDA		673	651	636	622
2. PULPA DE MADERA	234	238	234	240	243
3. PULPA DE OTRAS FIBRAS DISTINTAS DE LA MADERA	197	192	188	196	189
4. PAPEL Y CARTON	1219	1212	1253	1428	1363
5. PAPEL DOMESTICO Y SANITARIO	255	237	246	305	241
6. PAPEL CON FINES GRAFICOS	323	321	346	325	314
7. PAPEL PRENSA	0	0	0	0	0
8. OTRO PAPEL CON FINES GRAFICOS	323	321	346	325	314
9. OTRO PAPEL CON FINES GRAFICOS SIN ESTUCO Y MECANICO	0	0	0	0	0
10. OTRO PAPEL CON FINES GRAFICOS SIN ESTUCO Y SIN MADERA	274	279	302	2.99	283
11. OTRO PAPEL CON FINES GRAFICOS ESTUCADO	49	41	44	26	31
12. OTROS PAPELES Y CARTONES	896	892	907	1103	1049
13. PAPEL Y CARTON DE EMBALAJE	583	592	601	747	755
14. MATERIAL PARA CAJAS	447	465	463	506	516
15. CARTON PARA CAJAS	55	62	95	79	79
16. PAPEL PARA ENVOLVER	66	52	29	31	32
17. OTROS PAPELES UTILIZADOS PRINCIPALMENTE PARA EMBALAR	15	14	14	130	128
TOTAL	4.936	5.591	5.719	6.376	6.159

Figura No. 45, Contribución Ambiental de la Producción Sostenible de Cáñamo

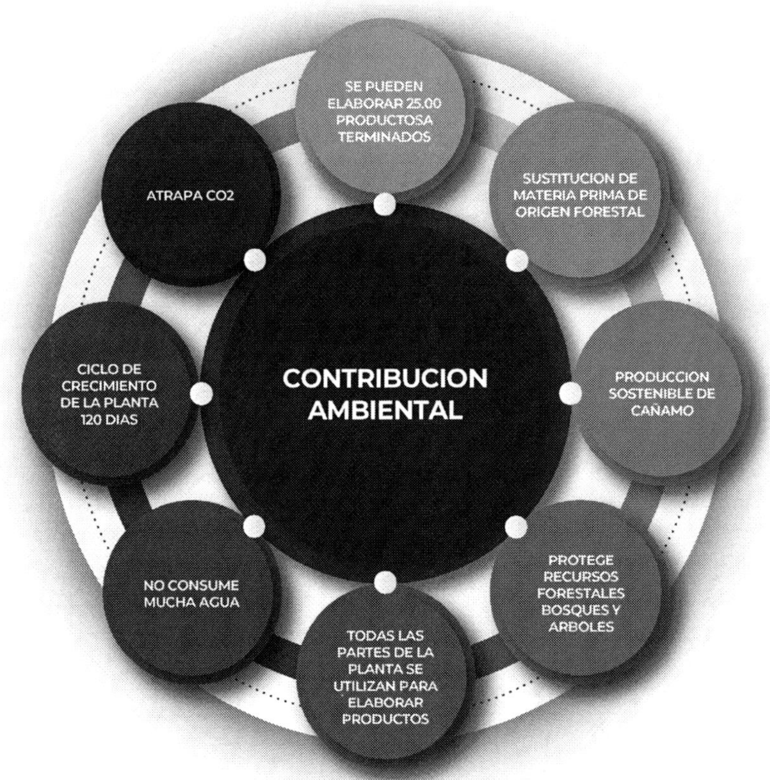

1.4.8. EL CULTIVO DE CAÑAMO ES MUY EFICIENTE EN LA ABSORCIÓN DE CO_2

Los científicos y expertos han resaltado el potencial de la planta de cáñamo como herramienta para luchar contra el cambio climático, especialmente en lo referente a la absorción de CO2 con el cultivo de cáñamo a campo abierto para uso industrial, esta planta tiene una eficacia superior a los árboles en la captura de CO2 puede ser hasta dos veces más eficaz.

Según lo expresado por Romero (2023)[5] los estudios realizados por la comunidad científica el cáñamo captura 16 toneladas de CO_2 de efecto invernadero al año, en tanto que los árboles absorben 6 toneladas por año, razón por la cual el cultivo de la planta de cáñamo para uso industrial se convierte en un excelente aliado en la lucha contra el cambio climático por absorber casi tres veces más CO_2 que los árboles.

La planta de cáñamo tiene excelentes propiedades puede crecer hasta 4 metros en un periodo de ciclo de crecimiento de 100 a 120 días, de acuerdo a mediciones realizadas en Europa en el estudio realizado por Pervaiz y Sain (2003)[6], se calcula que el cáñamo tiene la capacidad de absorber entre 8 y 22 toneladas de CO_2 en una hectárea durante un periodo de un año, lo cual hace que el cultivo de cáñamo sea más eficiente que un bosque.

El estudio realizado por Pervaiz y Sain (2003) establece que el cultivo de la planta de cáñamo se puede ver como una herramienta útil o como una solución climática frente fenómeno del aumento de la temperatura del planeta denominado el cambio climático porque el cáñamo captura CO_2, su ciclo de crecimiento es rápido y tiene miles de usos como materia prima para la elaboración de productos terminados en gran cantidad de sectores industriales.

Pervaiz y Sain (2003) consideran que la planta de cáñamo tiene una acción "purificadora de la naturaleza", ya que extrae toxinas del aire y las atrapa permanentemente dentro de sus fibras, esto sumado a su rápido

5 Romero, Sara. La planta de cannabis podría ayudar a combatir el cambio climático. Diciembre 23 de 2023. Fundación muy interesante. https://www.muyinteresante.com/naturaleza/52467.html#:~:text=Numerosos%20estudios%20han%20demostrado%20que,%C3%A1rboles%20absorben%20unas%20seis%20toneladas

6 Pervaiz Muhammad, M Sain Mohini, Carbon storage potential in natural fiber composites, Resources, Conservation and Recycling, Volume 39, Issue 4, 2003, Pages 325-340, ISSN 0921-3449, DOI: https://doi.org/10.1016/S0921-3449(02)00173-8. Hudson Carbon. New York Research.

crecimiento, la convierten en un elemento a tener en cuenta en cuanto a herramienta purificadora de gases de efecto invernadero y fuente importante de bioplásticos y biocombustibles.

El estudio de Pervaiz y Sain (2003) evaluó el desempeño ambiental del termoplástico de estera de fibra natural (NMT) a base de cáñamo cuantificando el potencial de almacenamiento de carbono y las emisiones de CO_2 y comparando los resultados con compuestos de fibra de vidrio disponibles comercialmente, los resultados mostraron que los NMT a base de cáñamo tienen propiedades de resistencia compatibles o incluso mejores en comparación con los termoplásticos a base de lino convencionales.

El estudio de Pervaiz y Sain afirma que el secuestro y almacenamiento de carbono generado por el cultivo de cáñamo, a través de la fotosíntesis, es posible calcularlo cuantificando la biomasa seca de fibras en función de una tonelada métrica de NMT, de acuerdo a sus estimaciones determinaron que el secuestro neto de carbono por el cultivo de cáñamo industrial es de 0,67 toneladas/ha/año, valor que es compatible con todos los árboles urbanos de EE. UU. y muy cercano a los bosques regenerados de forma natural.

Un estudio[7] realizado por la empresa N-AMATICSYSTEM SL afirma que, en el proceso de transpiración, las plantas de cáñamo en crecimiento respiran CO_2 (dióxido de carbono) para formar su estructura celular, además produce oxígeno que expulsa al aire de la superficie terrestre para generar una importante reserva de aire a la tierra.

N-AMATICSYSTEM SL también dice de su estudio que el cáñamo es un gran "sumidero" de carbono por la cantidad de CO_2 porque fija aproximadamente - 7.000 kilogramos de CO_2 por hectárea; de igual forma el estudio dice que cuando el cáñamo se utiliza con fines industriales, como es el caso de la celulosa para la elaboración de papel, se reduce de forma considerable de 60% a 80% el uso de productos químicos en el proceso productivo del papel y finalmente afirma que la extracción de celulosa de origen del cáñamo evita la tala de árboles porque por una tonelada de papel de cáñamo se salvan 15 grandes árboles maduros.

El estudio de Pervaiz y Sain concluye que las fibras naturales tienen una capacidad importante de capturar carbono, este hecho permite establecer que las fibras naturales como es el caso del cáñamo es una buena herramienta para atrapar CO_2, razón por la cual el cáñamo es una herramienta para combatir los crecientes niveles de dióxido de carbono en la atmósfera

Una de las conclusiones del estudio de Pervaiz y Sain es que el uso de fibras naturales en termoplásticos tiene un gran potencial para actuar como "sumidero" sostenible de dióxido de carbono atmosférico y, al mismo tiempo, ahorrar recursos no renovables.

7 N-AMATICSYSTEM SL. Biomasa https://www.n-amaticsystems.com/wp-content/uploads/2014/05/BIOMASA.pdf

Figura No. 46, El cáñamo una Herramienta para Combatir el Cambio Climático con la absorción de CO_2

1.5. CONTRIBUCIÓN TECNOLÓGICA DE LA PRODUCCIÓN DE CAÑAMO

El gran potencial que tiene la industria de cáñamo está impulsando a los empresarios de este mercado a desarrollar mecanismos y herramientas que les permitan ser más efectivos y productivos en un ambiente de sostenibilidad, razón por la cual ya se está haciendo desarrollo s tecnológicos con el uso de principios de economía circular e inteligencia artificial.

Figura No. 47, Contribución Tecnológica con la Producción Sostenible Cáñamo

La incursión de nuevas tecnologías y el desarrollo de herramientas tecnológicas para la siembra y cultivo de cáñamo con fines industriales va jalonar la productividad en el campo, lo cual favorece a todos los

actores involucrados en este proceso productivo, es decir, trabajadores, empresarios agrícolas, los profesionales de las áreas de agrícolas, proveedores de bienes y servicios, las comunidades rurales, los grupos de interés y la economía en general.

Son varias las herramientas tecnológicas que han incursionado al sector industrial del cultivo de cáñamo con el propósito de mejorar las condiciones productivas agrícolas, por ejemplo la empresa IntelaAgro S.A.S. viene aplicando la inteligencia artificial, la agricultura de precisión, la agricultura inteligente, el tratamiento científico de datos, Data Science y sensores de alta precisión con el objetivo de realizar una planeación racional y optima de los cultivos, realizar el control productivo, y hacer seguimiento del cultivo en tiempo real.

2. EL FUTURO DE LA PULPA DE MADERA COMO MATERIA PRIMA INDUSTRIAL

Desde hace siglos la humanidad ha utilizado la madera como principal fuente de energía y de materia prima para la elaboración de gran variedad de productos en infinidad de sectores industriales, hoy la crisis del clima tiene al mundo entero pensando en cómo neutralizar, mitigar o limitar los efectos del cambio climático, en esta batalla los recursos forestales han adquirido una gran importancia porque los árboles y los bosques son hoy día la mejor herramienta para combatir el cambio climático.

Hoy la principal fuente de extracción de celulosa es de origen forestal para la fabricación de papel, esta realidad obliga a encontrar nuevas fuentes de producción de celulosa para proteger los árboles y los bosques, razón por la cual es de vital importancia encontrar nuevas fuentes naturales de producción de celulosa para la elaboración de papel y satisfacer la demanda mundial de papel.

La celulosa es un producto en el sector industrial que se utiliza como materia prima o insumo para la fabricación de gran variedad de productos terminados, hoy en día se presenta una creciente demanda de celulosa debido a un profundo interés por encontrar sustitutos de materias primas de origen fósil y forestal, tal es el caso del papel y cartón, de la espuma a rígida a base de celulosa para la elaboración de aislantes acústicos o térmicos en muros y para la fabricación de fibra de vidrio.

Una gran fortaleza de la celulosa con origen en fibras de origen natural diferentes a la madera es que son biodegradables, lo cual significa que si las personas consumen productos elaborados a base de celulosa estos contribuyen a mejorar las condiciones para mitigar el cambio climático y a consumir productos que son biodegradables con lo cual se cuida y protege el medio ambiente.

La Organización de Naciones Unidas – ONU está liderando la lucha contra el cambio climático con la idea de contrarrestar los efectos negativos causados por este fenómeno, la madera se ha convertido en un actor protagonista en esta batalla porque los árboles y los bosques son una excelente herramienta efectiva para mitigar los efectos causados por el aumento de la presencia de CO_2 en la atmósfera, la sustitución y el uso de la madera en gran variedad de sectores industriales está en la agenda mundial, se busca disminuir su uso, en lo posible evitar su uso como materia prima o insumo en la industria, para la generación de energía, y se trabaja arduamente en encontrar alternativas innovadoras sostenibles en la nueva visión económica baja en carbono.

Capitulo 6

LA MEDICION Y TRAZABILIDAD DE CO_2 UN EJERCICIO SOSTENIBLE DE BIOECONOMÍA

1. LA MEDICION Y TRAZABILIDAD DE CO2 UN EJERCICIO SOSTENIBLE EN EL MARCO DE LA BIOECONOMÍA

La presencia de grandes cantidades de dióxido de carbono en la atmósfera es una gran amenaza que está afectado el normal desarrollo de la vida en el mundo, la acumulación excesiva de este gas en la atmósfera está generando una barrera que ocasiona el calentamiento global y que se plasma en lo que el mundo científico ha denominado el cambio climático, este fenómeno genera una serie de acontecimientos como el aumento de la temperatura, cambios significativos de los patrones de precipitaciones y profundas alteraciones de las condiciones climáticas, hechos verídicos que están amenazando la subsistencia de la vida en el planeta.

El cambio climático representa para los seres vivos en el planeta una compleja red de riesgos para su supervivencia porque generan una serie de impactos desastrosos sobre el medio ambiente; es el mayor problema que enfrenta la humanidad en la historia reciente de la civilización, uno de los más grandes desafíos para la población mundial, por lo cual, es necesario cambiar la forma de como el hombre viene realizando las diferentes actividades para el desarrollo de su vida en el planeta tierra.

Es indispensable para asegurar la vida en el planeta la disminución y control de la presencia de dióxido de carbono (CO2) en la atmósfera, la comunidad científica viene trabajando en la forma de cómo se debe enfrentar el calentamiento global, las posibles soluciones planteadas se han concentrado en la reducción, mitigación y control de la emisión de gases contaminantes efecto invernadero, al mismo tiempo se vienen desarrollando mecanismos y herramientas para la captura de CO_2 teniendo como fuente los bosques, la siembra y protección de árboles, pero el cultivo de cáñamo tiene una mayor capacidad de absorción de CO_2, incluso mayor que la de los bosques, el cáñamo puede llegar a quintuplicar la eficiencia de un bosque en la captura de CO_2, por esta razón el cáñamo se convierte en una herramienta natural preferente en la lucha contra el cambio climático.

El cultivo de cáñamo se viene extendiendo en varios lugares del mundo, como es el caso de Europa y América, con el propósito de mostrar una herramienta efectiva para combatir el cambio climático con la absorción de CO_2, mostrar un camino sostenible para la producción de bioinsumos con el fin de elaborar bioproductos y aprovechar las características polivalentes y versátiles para ser utilizada como materia prima, la planta de cáñamo, para la elaboración de miles de productos terminados.

La empresa IntelaAgro S.A.S. cuenta con una herramienta que permite realizar la medición de CO_2 y llevar una detallada trazabilidad de la medición de la absorción del dióxido de carbono y del cultivo de cáñamo con fines industriales, esta herramienta es de mucha utilidad para calcular la cantidad de toneladas de CO_2 capturadas durante todo el ciclo del cultivo de cáñamo, esta herramienta tecnológica permite tener información confiable para efectos científicos, ambientales y soporte de los bonos de carbono.

La medición de la cantidad de toneladas de CO_2 absorbidas durante todo el proceso productivo del cultivo de cáñamo se realiza en un entorno de sostenibilidad, bajo la gestión optima de los recursos naturales renovables que proporciona el amplio contenido conceptual de la bioeconomía esta herramienta de medición de captura de CO_2 bajo unos principios de gestión responsable de los recursos renovables en un ambiente del contenido temático de bioeconomía con seguridad contribuye a proporcionar soluciones para enfrentar el cambio climático.

Lo que busca IntelaAgro S.A.S., en su visión empresarial, es construir modelos empresariales ambientalmente responsables que permitan transitar por caminos verdes sostenibles en la búsqueda de un crecimiento económico con alto sentido de respeto de la gestión responsable de los recursos naturales renovables en el espacio de la bioeconomía, con el ánimo de aportar en la construcción de una sociedad sostenible.

2. LA PROTECCIÓN DEL MEDIO AMBIENTE ES VITAL PARA LA HUMANIDAD

El cuidado, protección y conservación del medio ambiente es clave para la vida humana y todo tipo de vida existente en el planeta, del medio ambiente se extraen los alimentos, la energía e insumos esenciales para la supervivencia del ser humano, razones de peso significativo para cuidar, proteger y conservar el equilibrio del medio ambiente.

El espacio donde se desarrolla la vida del hombre, los animales, plantas, organismos vivos, el agua, el aire y el suelo es lo que se denomina medio ambiente, en este espacio interactúan todos, por lo esencial que representa para la vida de la humanidad y del planeta es muy importante que la sociedad global adquiera consciencia de proteger el medio ambiente junto a los recursos naturales.

La comunidad científica muestra una gran preocupación por el deterioro que enfrentan el medio ambiente, los recursos naturales, la biodiversidad, las fuentes de agua y el medio ambiente por la acción del hombre, las necesidades que tienen los seres humanos para subsistir los ha impulsado a ocasionar profundos daños en su afán por disponer recursos para sus actividades industriales y obtener los recursos necesarios para garantizar su seguridad alimentaria.

La sociedad global se encuentra en un proceso de adquisición de conciencia frente al cuidado del medio ambiente y los recursos naturales, es indispensable involucrar a una serie de actores importantes que son los encargados de la toma de decisiones a nivel político, social, económico, tecnológico y ambiental, siempre en la búsqueda del noble propósito de garantizar la supervivencia de todos seres humanos mediante el uso racional, responsable e inteligente de los recursos naturales y la protección del medio ambiente.

La comunidad mundial está llamada a trabajar articuladamente en muchos frentes temáticos esenciales para el desarrollo de la vida humana, cuidar, conservar y proteger el medio ambiente, según la Corporación de Manejo Forestal Sustentable[1] algunos de los temas másrelevantes para ayudar en la conservación y protección del medio ambiente son los siguientes:

- Ahorro energético
- Ahorro de agua
- Aprovechamiento de los recursos

1 OMAFORS. https://www.ecologiaverde.com/conservacion-y-proteccion-del-medio-ambiente-importancia-y-medidas-1804.html

- Reciclar
- Cuidado de los bosques
- Buscar fuentes alternativas que requieran árboles como materia prima para elaboración de productos

La sociedad global debe trabajar unida frente a la protección sostenible del medio ambiente y los recursos naturales para garantizar la vida en el planeta, son muchas las preocupantes señales que se presentan, día a día, por la falta de conciencia respecto al cuidado y protección del medio ambiente, las cuales generan riesgos inminentes sobre la vida, el banco BBVA expresa a través de su unidad de sostenibilidad los siguientes hechos y cifras que los respaldan:

- Cada segundo se vierten 1.200 toneladas de CO_2 a la atmósfera,
- Cerca de 8.000 personas mueren al día en algún punto del planeta por causas relacionadas con la contaminación del aire,
- Alrededor de 140.000 elefantes africanos desaparecieron en la última década como consecuencia de la falta de acceso a la alimentación o al agua.

3. EL IMPACTO DE LA PRESENCIA DE CO2 EN EL MEDIO AMBIENTE

El dióxido de carbono (CO_2) también llamado anhídrido carbónico es un gas inodoro e incoloro que está formado por la combinación de un átomo de carbono y dos átomos de oxigeno que se produce por la quema de combustibles de origen fósil como el carbón, petróleo y gas.

El dióxido de carbono es la sustancia que más contribuye al efecto invernadero porque su presencia en la atmosfera absorbe gran parte de la radiación solar incidente, esta retención de la radiación solar en la superficie terrestre ha generado un calentamiento progresivo en el planeta que está causando grandes consecuencias como el cambio climático.

La actividad humana en sus procesos industriales, con el fin de satisfacer la demanda de las necesidades del hombre para el desarrollo de vida cotidiana, ha generado una grave consecuencia sobre el clima, estas actividades del ser humano están causando el cambio climático en el planeta con grandes efectos devastadores sobre el medio ambiente y sobre la vida.

La convención Marco de las Naciones Unidas sobre el Cambio Climático - CMNUCC que se abrió a la firma en la Conferencia de las Naciones Unidas (ONU) sobre Medio Ambiente y Desarrollo celebrada en Río de Janeiro en 1992, tomó la decisión de abrir un camino para trabajar conjuntamente contra los impactos climáticos del calentamiento global causado por actividades del ser humano.

La convención Marco de las Naciones Unidas sobre el Cambio Climático demostró que las fuertes variaciones del clima están relacionadas con los procesos industriales que están asociadas, entre otras actividades, con la quema de combustibles fósiles, la tala masiva de masa forestal y el uso de fertilizantes, lo cual significa que el ser humano es el responsable de la emisión de gases de efecto invernadero que causan el calentamiento del planeta y el cambio climático.

La Fundación Aquae[2] afirma que el gas de dióxido de carbono es el causante del 63% del calentamiento global y que los demás causantes son los siguientes:

- Deforestación: la industria maderera, la agricultura, la minería y la ganadería son las principales actividades económicas dedicadas a la tala de árboles.
- Aumento desproporcionado de gases de efecto invernadero: provocado por el uso de fertilizantes, la actividad química para el tratamiento de aguas residuales, la quema de combustibles fósiles, el transporte, la calefacción y el urbanismo.
- Crecimiento acelerado de la población: el aumento de la cantidad de habitantes influye en la producción de gases que exacerban el efecto invernadero.

2 Fundación AQUAE. Causa y consecuencias dl cambio climático. 27/04/2022. fundacionaquae.org/wiki/causas-y-consecuencias-cambio-climatico/

Figura No. 48, Causantes Más Relevantes del Calentamiento Global (Fundación Aquae)

4. LA IMPORTANCIA DE MITIGAR EL IMPACTO GENERADO POR EL CO_2

La presencia de co2 en la tierra se ha multiplicado, este gas es el que más contribuye a la alteración que está presentando el clima en el planeta, su abundante presencia esta causando el calentamiento de planeta, este hecho está generando un aumento dramático de la temperatura en el planeta, situación que ocasiona graves consecuencias y múltiples riesgos para la supervivencia humana.

Los investigadores del área de sostenibilidad y banca responsable del Banco BBVA que trabajan en el tema del calentamiento global afirman, en su artículo publicado en su página ¿Qué es el dióxido de carbono y cómo impacta al planeta?[3], que "En los últimos 800.000 años, la concentración de CO_2 en la atmósfera fluctuó entre las 170 y 330 partes por millón (niveles muy aceptables para la sostenibilidad del planeta), pero desde los últimos 170 años, y de forma enormemente acelerada en las tres últimas décadas, se ha disparado hasta unos valores que alcanzan en la actualidad 415 partes por millón".

Los datos presentados por los investigadores del área de sostenibilidad y banca responsable del Banco BBVA muestran que el dióxido de carbono ha estado presente en la convivencia humana desde hace miles de años, lo que sucede desde hace unas décadas, es que se rompió el equilibrio del balance energético entre el co2 porque los mecanismos de absorción de co2 por el proceso de fotosíntesis y los procesos de respiración de los seres vivos, lo cual significa que hace 170 años mediante la fotosíntesis se absorbía el co2 presente en la atmósfera y la superficie terrestre pero hoy es mayor la emisión de co2, debido a la industrialización, la tala de bosques, el crecimiento de la población, por estas razones el mecanismo de la fotosíntesis no tiene la suficiente capacidad de absorber todo el co2 que produce la actividad especialmente de los seres humanos y de los seres vivos.

La pérdida de la armonía y el equilibrio energético por el exceso de emisiones de co2 está ocasionando serias consecuencias sobre la vida y el clima en el planeta, hechos que están amenazando la supervivencia de los seres vivos en la tierra, estos preocupantes hechos impulsaron a la ONU a realizar un trabajo conjunto con grupos interés y de organizaciones, cuya naturaleza es el cuidado y la protección del medio ambiente, en estudios y soluciones para mitigar el impacto generado por el gran exceso de emisiones de co2 para evitar consecuencias catastróficas en el futuro, algunas de las soluciones propuestas son:

3 Sostenibilidad y Banca Responsable BBVA. ¿Qué es el dióxido de carbono (CO_2) y cómo impacta al planeta? https://www.bbva.com/es/sostenibilidad/que-es-el-dioxido-de-carbono-co2-y-como-impacta-en-el-planeta/

- Reducción de emisiones de co2
- La huella de carbono
- Medición y captura de co2
- Protección de árboles y bosques
- Descarbonizar por sectores
- Uso de energías limpias

Figura No. 49, Línea del Tiempo de 1900 a 2024 del Comportamiento del CO_2 en la Atmósfera

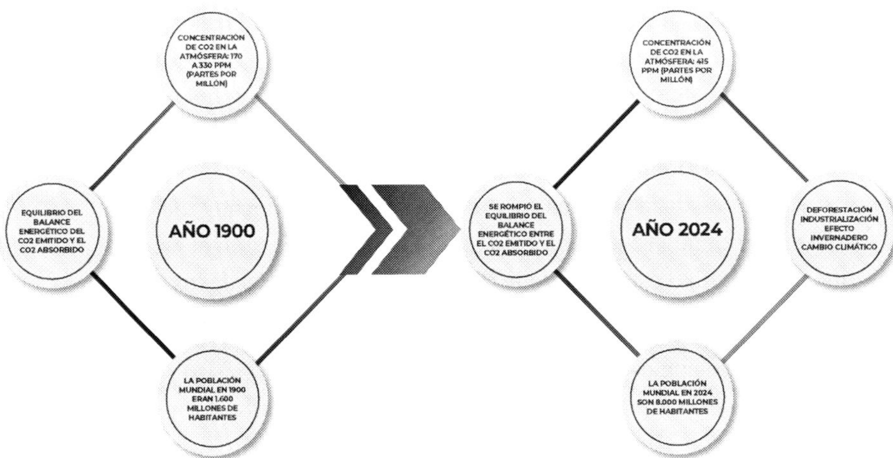

La sociedad global cada vez adquiere más conciencia de la necesidad de trabajar conjunta y articuladamente el tema de cómo disminuir las emisiones de co2, porque si no se reducen las emisiones, de acuerdo a los informes de los científicos, la humanidad se enfrenta a múltiples riesgos e impactos y en el peor de los casos a situaciones catastróficas, como, por ejemplo:

- Problemas de abastecimiento de alimentos
- Afectación y colapso de las cosechas

- Disminución del agua potable
- Aumento de los niveles del mar
- Extinción de especies animales y vegetales
- Desaparición de ecosistemas enteros: como los corales
- Aumento de sequias
- Aumento de huracanes y tifones
- Migraciones masivas por causas climáticas
- Aumento y extensión de enfermedades
- Desertificación y pérdida de calidad del suelo
- Desaparición de glaciares

Figura No. 50, Impactos en el Planeta a Causa del Aumento de CO_2 en la Atmósfera

5. LA MEDICIÓN Y TRAZABILIDAD DE LA CAPTURA DE CO2 EN EL CAÑAMO UNA HERRAMIENTA QUE APORTA A LA MITIGACION DEL CAMBIO CLIMÁTICO

El exceso de emisiones de co2 generadas por la actividad humana está ocasionando la pérdida del equilibrio energético, lo cual trae graves consecuencias sobre la vida y el clima en el planeta, los impactos negativos por el aumento de la presencia de dióxido de carbono en la atmósfera están amenazando la supervivencia de los seres vivos en la tierra.

La ONU junto a la comunidad científica consideran que la medición y captura de dióxido de carbono (CO2) es una herramienta útil para combatir el cambio climático y evitar consecuencias catastróficas que puedan amenazar la vida en el planeta.

La empresa IntelaAgro S.A.S. frente a la necesidad de encontrar soluciones que contribuyan a la captura de CO2 viene desarrollando una metodología orientada a realizar la medición y trazabilidad de la absorción de CO2 en el cultivo de cáñamo con fines industriales, la metodología junta alas diferentes herramientas tecnológicas permite medir la cantidad de dióxido de carbono que es absorbido por la planta durante todo el ciclo de crecimiento hasta alcanzar la madurez, hecho que se presenta a los 4 meses cuando se cumple el tiempo de cosecha, es decir, cuando mediante procesos manuales o mecánicos se realiza la recolección de la biomasa.

Durante el proceso del ciclo de crecimiento del cáñamo la planta absorbe el dióxido de carbono y mediante la fotosíntesis, es decir a través de procesos químicos, la planta transforma el CO2 en oxígeno, una parte del oxígeno es liberado al medio ambiente y otra parte es fijada en el suelo, y carbohidratos.

En el maravilloso proceso de fotosíntesis se presenta la interacción de la energía solar, el agua y el CO2 se convierte en energía química en forma de azucares, se crean moléculas de glucosa, que son las es que proporcionan al organismo de la planta la energía y carbono fijo (orgánico) para su crecimiento y desarrollo, y otros azucares, además se libera oxígeno al medio ambiente y otra parte de oxígeno se fija en el suelo.

Figura No. 51, La Fotosíntesis

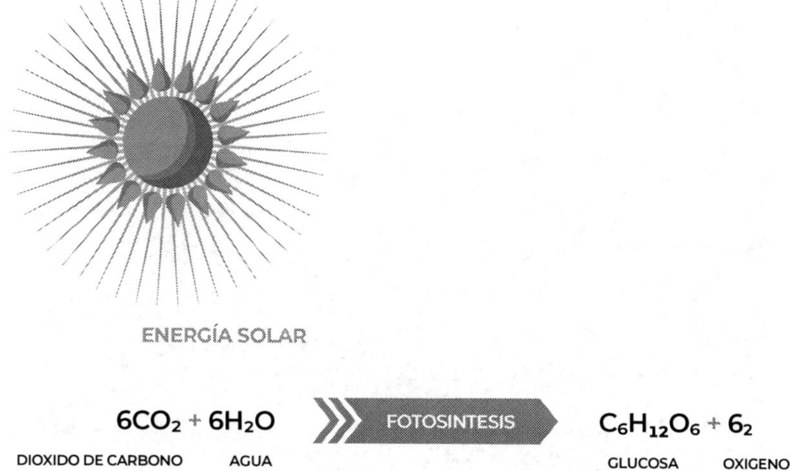

Las plantas y otros organismos con el proceso de la fotosíntesis cumplen dos maravillosas funciones la primera que mediante la fotosíntesis se produce:

- Energía química
- La fijación de carbono

La segunda función implica el proceso de fijación de carbono mediante la fotosíntesis se realiza con la conversión del carbono inorgánico, en forma de dióxido de carbono CO2, en compuestos orgánicos realizados por las plantas y los seres vivos, lo cual significa que la planta en el proceso de la fotosíntesis por medio de la luz sintetiza azúcares con lo cual produce su propio alimento.

En fin, el cáñamo es una maravillosa planta fotosintetizadora que produce oxígeno, elemento indispensable para vida en el planeta, de igual forma, las plantas y el cáñamo tienen una función esencial para vida de los seres vivos en el planeta y es retirar grandes cantidades de dióxido de carbono que están presentes en la atmósfera, por esta razón el cáñamo es una planta vital para combatir el aumento desmesurado de los niveles de CO2 en la atmósfera y el cambio climático.

6. EL CAÑAMO UN CULTIVO PERFECTO PARA FORTALECER LA BIOECONOMÍA Y CONTRIBUIRÁ A LA REDUCCIÓN DE CO_2 EN LA ATMÓSFERA

El cáñamo es una planta versátil y polivalente, tal como se presentó en el capítulo 5 de este libro, son muchos los beneficios que ofrece la producción agrícola de esta noble planta, la biomasa de cáñamo permite ser utilizada como insumo o materia prima para la elaboración de miles de productos en gran variedad de sectores industriales de la estructura económica del país, esta gran versatilidad de este recurso biológico, como es el cáñamo, le brinda grandes ventajas competitivas y comparativas a la iniciativa de realizar la transformación productiva del campo sustentada en la riqueza conceptual de la bioeconomía.

La bioeconomía es esencial para alcanzar un desarrollo económico sostenible porque favorece la gestión sostenible, eficiente y responsable de los recursos naturales, la biomasa proveniente del cáñamo por su uso polivalente en muchas industrias se puede transformar sosteniblemente para la fabricación de gran variedad de productos, con lo cual la presencia de este recurso biológico en múltiples industrias genera un importante valor agregado para la visión de la transformación productiva sostenible del sector agrícola en el campo conceptual de la bioeconomía.

La biomasa del cáñamo ofrece un gran escenario para impulsar el desarrollo sostenible del campo desde la perspectiva de la bioeconomía porque va fortalecer la estructura económica del país partiendo desde la transformación de la producción agrícola con una visión bioeconómica y contribuyendo de forma significativa con la absorción de dióxido de carbono presente en la atmósfera, con el cual mediante procesos químicos produce alimentos que son utilizados por la planta para su crecimiento y desarrollo.

La bioeconomía es el mejor concepto en el que se puede realizar el cultivo de cáñamo con fines industriales por el amplio uso de sectores industriales en el que es utilizada la biomasa de cáñamo para la fabricación de productos terminados, esta gran versatilidad que permite el cáñamo para la economía genera la consolidación de una nueva industria sustentada en la producción de bioinsumos y la presentación a los mercados de bioproductos para un consumo sostenible.

La consolidación del sector industrial de cáñamo en Colombia pasa por el impulso que debe le debe dar la empresa privada y el sector público, se requiere de su participación e inversión con el fin de generar una masa crítica de producción, es decir, se requiere un volumen importante de hectáreas cultivadas para fortalecer esta promisoria industria que con certeza va contribuir al fortalecimiento de la economía del país, cuya fuente se origina en la producción agrícola sostenible.

Sin lugar a dudas el aumento de la cantidad de hectáreas de producción agrícola de cáñamo para uso industrial contribuirá de forma significativa en el proceso de captura de CO_2 presente en la atmósfera, razón por la cual el cañamo es un cultivo perfecto para fortalecer la bioeconomía y una herramienta eficiente para disminuir la presencia de CO_2 en la atmosfera con el propósito de mitigar los efectos generados por el cambio climático.

7. EL MERCADO DE BONOS DE CARBONO GRAN DINAMIZADOR DE LA BIOECONOMÍA Y LA TRANSFORMACIÓN PRODUCTIVA DEL CAMPO

El cambio climático está ejerciendo una fuerte presión sobre la producción de alimentos para la población mundial, es necesario garantizar la seguridad alimentaria de la población, razón por la cual la sociedad global tiene un gran reto de cara a producir los alimentos necesarios para satisfacer la demanda de alimentos que requieren los 6.800 millones de habitantes del planeta.

La principal fuente de producción alimentos está en la agricultura, lo cual significa que la producción agrícola sostenible es la mejor forma de hacer frente a la seguridad alimentaria, para ello es necesario realizar una planeación responsable de las tierras disponibles para la actividad agrícola y destinar recursos económicos importantes para garantizar la producción sostenible de alimentos.

La forma responsable y sostenible de producción de agrícola, no solo se debe dar en la producción de alimentos sino de biomasa como fuente o materia prima la elaboración de productos y para múltiples usos, esta actividad agrícola se puede realizar bajo la perspectiva conceptual sustentable de la bioeconomía y la herramienta útil del mecanismo de los bonos de carbono, para así de esta manera, asegurar los recursos necesarios para avanzar en su consolidación y expansión de la masa crítica indispensable que se requiere para fortalecer la industria de cáñamo.

Los mercados de carbono funcionan de forma similar a los mercados financieros, la moneda de los bonos de carbono son los créditos de carbono, en este mercado se presenta un proceso de negociación entre un comprador y un vendedor de créditos de carbono, la esencia del tema es que quienes reducen o capturan emisiones de carbono con su actividad empresarial reciben un pago y quienes producen emisiones pueden comprar créditos de carbono para compensar sus emisiones, esta compensación de carbono implica a quien la compra pagar a alguien que mediante la actividad de su negocio capture carbono.

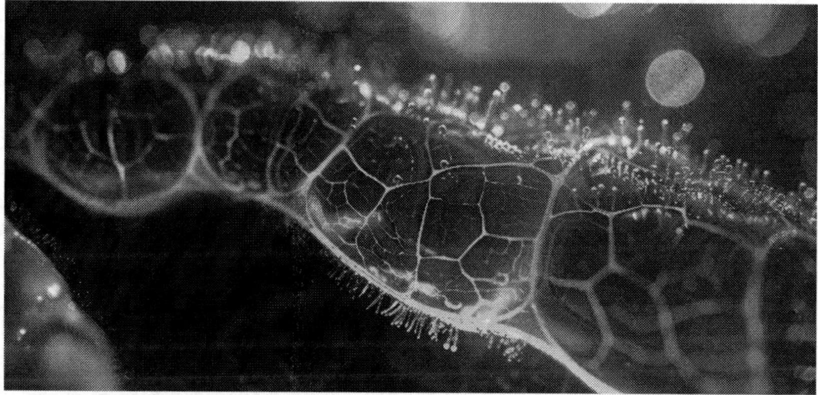

Las necesidades de producción sostenible de alimentos y biomasa de calidad, en un escenario constructivo de bioeconomía y el mercado de bonos de carbono voluntarios, generan una gran oportunidad para el campo colombiano, la economía del país y para el cultivo de cáñamo industrial por el gran potencial agrícola que tiene de grandes extensiones de tierra fértil disponibles para la actividad agrícola.

La demanda mundial de producción de alimentos y la necesidad de producción de biomasa de calidad para la elaboración de múltiples productos implica para el país un impulso real de las políticas públicas al sector agrícola y una seria e inteligente transformación de los procesos productivos agrícolas que favorezcan la eficiencia, rendimiento, competitividad y rentabilidad de la actividad agrícola en el país.

Es de vital importancia que las autoridades agrícolas y ambientales contribuyan con políticas públicas y destinación de recursos económicos importantes para realizar una transición del campo colombiano hacia una transformación productiva sostenible y responsable de la actividad agrícola, transformación que debe considerar los impactos generados el cambio climático y adaptar la agricultura a esta nueva realidad.

Las posibilidades de financiación del carbono para iniciativas de producción agrícola se presentan a través de los mercados de carbono de cumplimiento regulado y los voluntarios, Seeberg-elverfeldt (2010)[4] dice que "el mercado regulado es utilizado por empresas y gobiernos que, por ley, tienen que rendir cuentas de emisiones de GEI. Está regulado por regímenes obligatorios de reducción de carbono, ya sean nacionales regionales o internacionales. En el mercado voluntario, en cambio, el comercio de créditos se produce sobre una base facultativa..."

El protocolo de Kyoto estableció tres mecanismos que rigen el mercado regulado de carbono, estos son los siguientes:

- El Mecanismo de Desarrollo Limpio – MDL
- La Ejecución Conjunta – JI

4 Seeberg-elverfeldt, Christina. Las posibilidades de financiación del carbono para la agricultura, la actividad forestal y otros proyectos de uso de la tierra en el contexto del pequeño agricultor. Departamento de Gestión de Recursos Naturales y Medio Ambiente. Organización de las Naciones Unidas para la Agricultura y la Alimentación, FAO, Roma 2010.

- Régimen para el comercio de derechos de emisión de GEI de la Unión Europea - ETS

En el mercado de carbono de cumplimiento regulado el Mecanismo de Desarrollo Limpio Colombia puede tener acceso, por ser un país en vías de desarrollo, porque por medio de un proyecto de reducción de emisiones, generado por un país industrializado, se puede implementar en países en vías de desarrollo con la financiación de los créditos de carbono a través del mecanismo MDL, especialmente si se trata de un proyecto de eficiencia energética o de energía renovable.

La producción agrícola puede acceder a la financiación en el mercado de créditos de carbono voluntario porque existe un mecanismo denominado Créditos de Reducción Verificada de las Emisiones de carbono (VER, siglas en inglés) los cuales son adquiridos por las empresas del sector privado, la responsabilidad ambiental empresarial y la responsabilidad social corporativa son las razones motivacionales que impulsan a las empresas a la compra de los créditos de carbono, con este tipo de inversiones las empresas obtienen importantes beneficios de imagen corporativa.

El marco conceptual de la bioeconomía para desarrollar el cultivo de cáñamo con fines industriales y la captura de CO_2, le generan al cultivo de cáñamo inmensas posibilidades de obtener financiación con el mercado de créditos de carbono para el desarrollo de proyectos productivos sostenibles en la cadena de valor del cáñamo, con proyectos sustentados en la biomasa de cáñamo para la generación de energía renovable y absorción de CO_2, tanto en el mercado de carbono de cumplimiento regulado como en el mercado de créditos de carbono voluntarios.

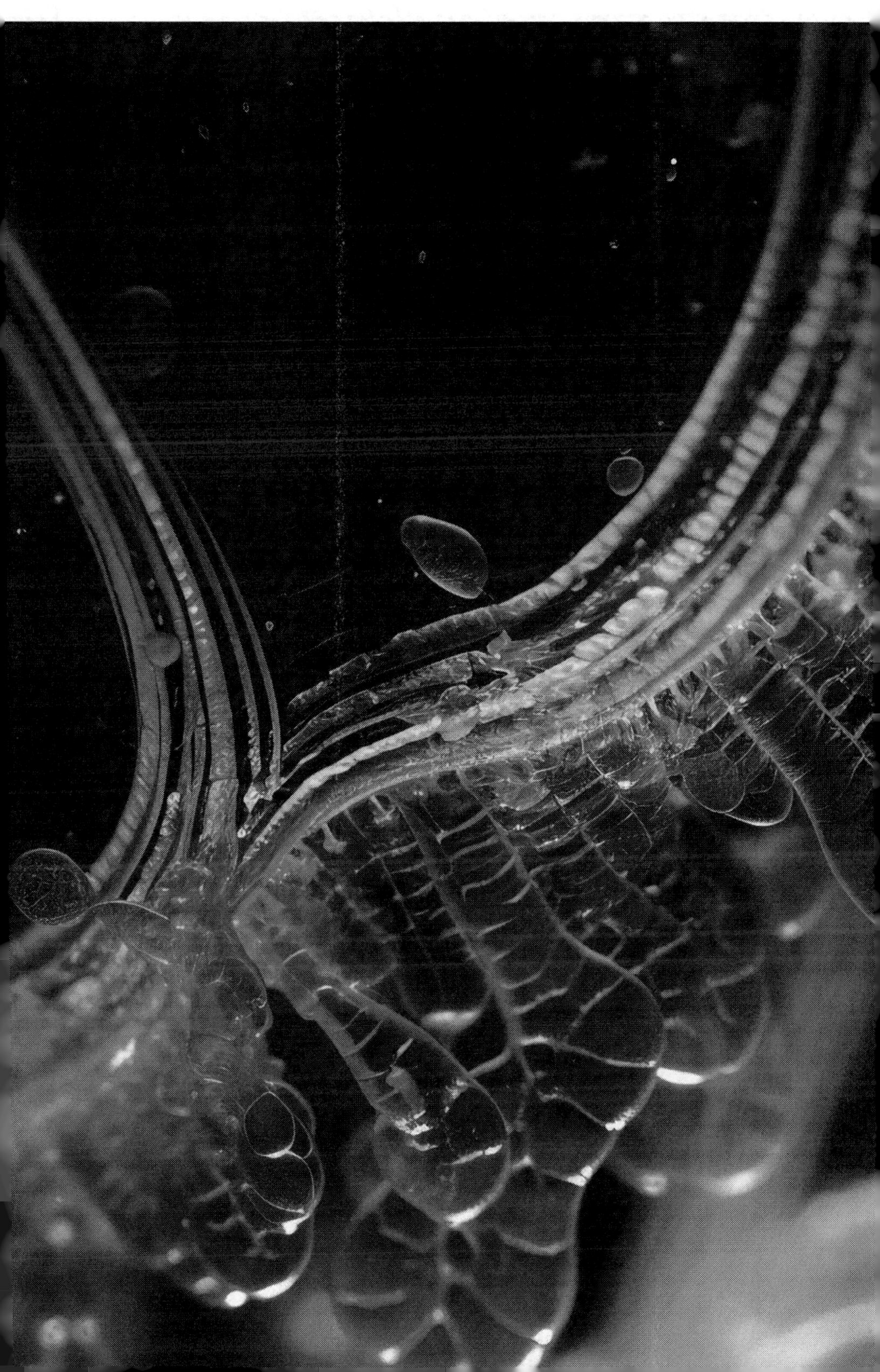

Capitulo 7

LA PRODUCCIÓN SOSTENIBLE DE CELULOSA EN EL CONTEXTO DE LA BIOECONOMÍA

1. LA CRISIS CLIMÁTICA Y LA IMPORTANCIA DE LA PROTECCIÓN DE LOS RECURSOS FORESTALES

La crisis climática que vive el mundo, ocasionado por el aumento de la temperatura en el planeta, tiene a la comunidad científica trabajando arduamente en el intento de contrarrestar los impactos catastróficos causados por el cambio climático que están afectando el mundo entero, los científicos han encontrado que los árboles y los bosques desempeñan un papel relevante en la forma como se puede contrarrestar los efectos generados por la crisis climática.

Son de una gran relevancia los beneficios que los bosques aportan a la mitigación de los efectos nefastos impactos negativos causados por el cambio climático, porque son agentes naturales capaces de absorber grandes cantidades de dióxido de carbono, esta propiedad de los árboles y los bosques hacen que sean importantes almacenadores de carbono en el planeta.

Sin embargo, una gran cantidad de industrias en el mundo requieren de recursos forestales, materia prima o insumos para la elaboración de sus productos terminados, circunstancia que pone en riesgo la vida de los árboles y bosques, el Banco Mundial[1] afirma que una quinta parte de la población mundial, aproximadamente 1.300 millones de personas,

1 Grupo Banco Mundial. Por qué los bosques son fundamentales para el clima, el agua, la salud y los medios de subsistencia. Banco Mundial. Marzo 18 de 2016. https://www.bancomundial.org/es/news/feature/2016/03/18/why-forests-are-key-to-climate-water-health-and-livelihoods.

sus empleos e ingresos dependen de los bosques, es decir, son su medio de subsistencia y generación de ingresos, hecho relevante que invita a encontrar soluciones sostenibles y socialmente responsables.

Es importante encontrar nuevas fuentes de recursos naturales renovables que sustituyan las fuentes de recursos forestales utilizados en gran variedad de industrias para elaboración de productos, debido a que cuando se talan los árboles, por razones agrícolas o para cualquier uso como materia prima o insumo, se emiten a la atmósfera grandes cantidades de dióxido de carbono – CO_2 y otros gases de efecto invernadero, cuya presencia en la atmósfera contribuyen al cambio climático.

El estudio del Banco mundial expresa que los bosques en pie ayudan de manera decisiva a mitigar los impactos generados por el cambio climático porque cumplen una función de absorción de los gases de efecto invernadero, sino también crean paisajes con una mayor resiliencia, estas funciones la realizan los bosques obteniendo los siguientes beneficios:

- Regulan el flujo del agua,
- Mejoran y mantienen el suelo para la agricultura,

- Protegen las comunidades costeras contra los fenómenos meteorológicos extremos
- Protegen a las comunidades costera contra el aumento del nivel del mar,
- Protegen los corredores migratorios para la flora y la fauna.

Es de vital importancia para la preservación de la vida en el planeta y la desaceleración del cambio climático evitar la tala de árboles, su labor de convertirse en sumideros de carbono es supremamente clave, razón por la cual los árboles y los bosques adquieren un valor importante y deben ser protegidos, cuidados y conservados.

El estudio del Banco Mundial indica, de igual forma, que los bosques desaceleran el cambio climático y aumentan la resiliencia, además la presencia de los árboles presenta los resultados positivos de varias experiencias que han hecho una gestión acertada con la siembra de árboles, algunas de estas experiencias son las siguientes:

- En Níger mediante la plantación de árboles fijadores de nitrógeno entre los cultivos aumentó el rendimiento del sorgo entre un 20 a 50% y del mijo entre un 15 a 50%, de igual forma mejoró la resiliencia de las personas frente a las épocas de sequía.
- En Costa Rica, Colombia y Nicaragua al incorporar árboles en las granjas ganaderas se incrementó la productividad de la leche en un 18% y disminuyeron la erosión de los suelos en un 88%, de igual forma aumentaron el ingreso neto por hectárea en un 50%.
- En Etiopía, la recuperación de bosques nativos de Humbo absorberán unas 880.000 toneladas de CO_2 durante los próximos 30 años, lo cual generará pagos por bonos de carbono.
- La recuperación de 50 millones de hectáreas de bosques podría generar 170.000 millones de dólares en beneficios anuales relacionados con la protección de cuencas, productividad agrícola y productos forestales.

Los bosques son un instrumento fundamental para mitigar los efectos causados por el cambio climático, por lo tanto es importante preservar y restaurar los bosques para lograr la sostenibilidad del planeta, la gestión ambiental sostenible es fundamental para mitigar el impacto del cambio climático en el mundo entero, es esencial para el cuidado y protección de árboles y bosques, porque son un poderoso sumidero de carbono esto los convierte, por ahora, en la solución más eficaz que existe en el planeta para eliminar el CO_2 de la atmósfera.

2. LA PRODUCCIÓN MUNDIAL DE PAPEL CON ORIGEN FORESTAL

La demanda de papel en el mundo en el año 2020 requirió de 688,08[2] millones de toneladas de pulpa de madera, la fuente de la pulpa para elaborar el papel y el cartón es de origen forestal, es decir, la materia prima para la fabricación se origina en la siembra de millones de árboles los cuales son cortados cuando los productores forestales consideran que cumple las condiciones para elaborar la pulpa.

El continente europeo lidera el aporte para la producción de madera con fines para fabricación de papel y cartón, en efecto en el año 2020 Europa contribuyó con 213,82 millones de toneladas de pulpa de madera para satisfacer la demanda mundial de papel y cartón, le sigue Norteamérica con una producción de pulpa de madera de 188 millones de toneladas, en el tercer lugar se ubica el continente asiático con una producción de 128,82 millones de toneladas de pulpa de madera, en el cuarto lugar en producción de pulpa de madera se encuentra Latinoamérica con una contribución de 121, 91 millones de toneladas, en el Cuadro No. 2, se puede observar la contribución de cada uno de los continentes.

2 FAO. Productos Forestales. 2020

Los efectos causados por el cambio climático está impulsando los empresarios del sector de producción de papel y cartón a buscar nuevas fuentes de materia primas diferentes a los de origen forestal, es vital para asegurar la vida de todos los seres vivos en el planeta proteger los árboles y los bosques, son la mejor arma para hacer frente al cambio climático, por lo tanto, es necesario y urgente para el sector papelero buscar nuevas fuentes de materia prima de origen vegetal para satisfacer la demanda mundial de papel y cartón.

Cuadro No. 2, Producción Mundial de Madera para Pulpa en Rollo y Partida Durante el año 2020

PRODUCCION MUNDIAL DE MADERA PARA PULPA EN ROLLO Y PARTIDA (Miles de Toneladas)	
	AÑO 2020
AFRICA	12.092
NORTEAMERICA	188.000
LATINOAMERICA	121.912
ASIA	128.816
EUROPA	213.816
OCEANIA	23.448
TOTAL	688.084

El mercado mundial de papel y cartón debe iniciar un proceso de investigación y desarrollo con el fin de sustituir la pulpa de origen forestal por otros productos naturales que les garanticen la producción sostenible de otras fibras naturales para la extracción de la celulosa, la continuidad de su negocio y el buen desarrollo de su actividad económica, por eso es importante para los empresarios del sector de papel construir un modelo de producción de materia prima con recursos naturales renovables en forma sostenible considerando un enfoque bioeconómico, economía circular y los amplios contenidos de sostenibilidad.

El cáñamo es una excelente alternativa para la sustitución de celulosa proveniente de origen forestal, es una planta polivalente y versátil que brinda un gran valor agregado, los empresarios del sector de papel y cartón deben considerar inmediatamente la celulosa proveniente del cáñamo porque:

- El desarrollo de la cadena de valor del cáñamo abre espacios de nuevos negocios
- Es una planta que en su ciclo de crecimiento captura grandes cantidades de CO_2
- La planta requiere bajo consumo de agua
- Su producción industrial genera una gran cantidad de empleo en el sector rural
- La planta restaura y fertiliza los suelos fijándole una buena cantidad de oxígeno
- Todas las partes de la planta sirven para ser utilizadas como materia prima o insumo para la elaboración de productos terminados
- La biomasa de cáñamo sirve como materia prima para la elaboración de más de 25.000 productos terminados
- Se utiliza en por lo menos en 15 sectores industriales como materia prima o insumo para la fabricación de productos terminados

Figura No. 52, Valor Agregado por Utilizar la Celulosa de Origen en el Cáñamo para la Elaboración de Papel y Cartón

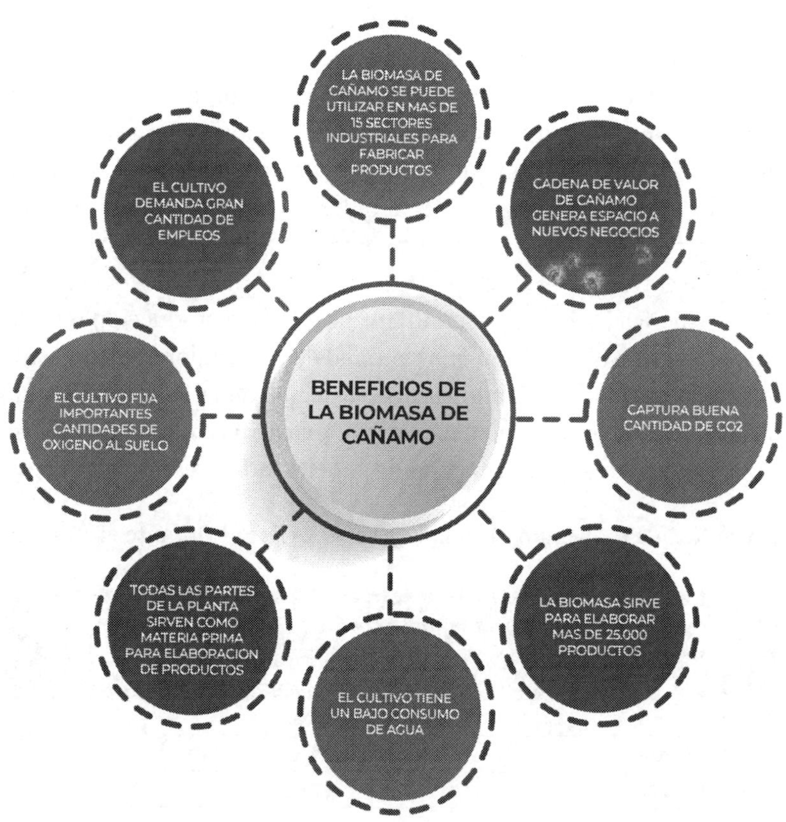

Es una necesidad imperante para la sociedad global encontrar sustitutos a la celulosa de origen forestal para la producción de papel, el marco conceptual de la bioeconomía es el mejor escenario para encontrar recursos renovables producidos sosteniblemente que permitan producir las cantidades de papel necesarias para satisfacer las necesidades que demanda este mercado.

3. EL MERCADO MUNDIAL DEL PAPEL Y CARTÓN

La producción del mercado mundial de papel y cartón está liderado por el continente asiático con una producción de 198,3 millones de toneladas, sin lugar a dudas, de forma significativa Asia tiene una participación en el mercado de 49,46%, el segundo lugar en producción de papel y cartón le corresponde a Europa con una producción de 99,2 millones de toneladas de papel y cartón que corresponden a un porcentaje de participación del 24,74% de la producción mundial, Norte América se ubica en el tercer lugar con una producción de 74,91 millones de toneladas de papel y cartón que corresponde a una participación en el mercado de un 18,68%, le sigue América Latina se encuentra rezagado en la producción mundial de papel y cartón alcanzando una cantidad de 21,71 millones de toneladas de papel y cartón con solamente una participación en el mercado mundial del 5,41%, finalmente aparecen África y Oceanía con una producción de 3,06 y 3,72 millones de toneladas de papel y cartón respectivamente.

Cuadro No. 3, Producción Mundial de Papel y Cartón Durante el año 2020

PRODUCCION MUNDIAL DE PAPEL Y CARTON (Miles de Toneladas)	
	AÑO 2020
AFRICA	3.062
NORTEAMERICA	74.906
LATINOAMERICA	21.709
ASIA	198.303
EUROPA	99.199
OCEANIA	3.724
TOTAL	400.903

La producción mundial de papel y cartón se encuentra concentrada en Asia, Norteamérica y Europa en estos continentes se produce el 74,2% de papel y cartón que consume el mundo, este escenario mundial de producción de papel y cartón junto a la producción de pulpa de madera le genera oportunidades a América Latina, Latinoamérica tiene una producción interesante de pulpa de madera, situación que le genera la posibilidad de desarrollar proyectos para la fabricación de papel y cartón especialmente si se sustituye la fuente de recursos forestales para la extracción de celulosa por otros productos de origen natural sostenibles, como es el caso del cáñamo, producto natural que ofrece grandes ventajas económicas, ambientales y beneficios sociales para satisfacer la demanda de celulosa con el fin de elaborar papel y cartón en el mundo.

4. EL CAÑAMO UN RECURSO RENOVABLE SOSTENIBLE PARA LA EXTRACCIÓN DE CELULOSA

En el planeta hay una fuerte necesidad de proteger los árboles y bosques por la lucha que enfrenta la humanidad contra los impactos causados por el cambio climático, es de suma importancia encontrar sustitutos a todos los productos que requieren matera prima o insumos provenientes de los recursos forestales para fabricación de una inmensa cantidad de productos terminados.

El sector industrial del papel y cartón está en un intenso proceso de búsqueda de sustitutos de la celulosa de origen forestal, materia prima esencial para la fabricación de papel y cartón, por otro tipo de recurso natural renovable que reemplace de forma eficaz, competitiva, rentable y sostenible la pasta de celulosa proveniente de los árboles, la biomasa de cáñamo es una excelente una alternativa porque posee una amplia gama de beneficios económicos y ambientales como bioinsumo, por la importante presencia de celulosa en sus tallos (hasta 70%), para la elaboración de papel y cartón.

El cultivo de cáñamo para uso industrial en un ambiente bioeconómico circular puede mostrar el camino para encontrar una solución sostenible que satisfaga las necesidades sectoriales, empresariales, económicas, ambientales, rurales, que puede contribuir de forma sustancial socialmente, especialmente a las comunidades agrícolas campesinas, y a darle un buen impulso al proceso de transformación productiva del campo colombiano, contribuyendo de forma significativa al desarrollo rural y regional.

El cultivo de cáñamo para uso industrial se está convirtiendo en Europa en un producto natural renovable de gran utilidad para contrarrestar los efectos causados por el aumento de la temperatura en el planeta, su gran capacidad de absorción de CO2 lo convierte en una excelente herramienta para enfrentar el cambio climático.

En Europa, específicamente en Inglaterra están sembrando 80.000 hectáreas de cáñamo en el escenario de la Agenda 2030, el cultivo de cáñamo con fines industriales no solo se utiliza para la captura de CO2, sino que el uso de su biomasa, como materia prima o insumo, en múltiples sectores industriales permite una importante explotación económica, con lo cual esta polivalente planta de cáñamo genera un significativo valor agregado en lo ambiental y en lo económico.

El marco normativo desarrollado en Colombia para el cultivo de cáñamo le abre inmensas posibilidades al campo colombiano, con el fin de convertir el cáñamo en una solución innovadora sostenible con gran potencial de impulsar la transformación productiva de la producción agrícola campesina y al mismo tiempo contribuir hacia la transición de un modelo de crecimiento agrícola sostenible, con la generación de puestos de trabajo verdes y bajo la perspectiva de un modelo bioeconómico circular.

5. EL FUTURO DEL MERCADO DE PAPEL FRENTE AL CAMBIO CLIMÁTICO

La industria de papel desde hace varios lustros viene trabajando en la sostenibilidad del negocio, la preocupación del sector de papel y cartón se centra en los siguientes aspectos fundamentales:

- La búsqueda de sustitución de la extracción de celulosa de origen forestal por otro tipo de recurso natural renovable,
- La disminución del consumo de agua en la cadena de valor de la producción de pulpa y papel
- La disminución del consumo de energía en la cadena de valor de la producción de recursos forestales para la extracción de celulosa,
- La disminución de productos químicos contaminantes en el proceso de producción de papel,

- La introducción del concepto de sostenibilidad en la cadena de valor de la producción de papel.

Figura No. 53, Desafíos que enfrenta el Mercado Mundial de Pulpa, Papel y Cartón

La industria de pulpa y de papel tiene el propósito desde el 2007 de volverse "carbono–neutro", es decir, entrar en el camino de reducir las emisiones de gases efecto invernadero, las empresas papeleras están trabajando fuertemente en la generación de estrategias verdes con el fin de hacer su producción sostenible.

El cambio climático está forzando a la industria del papel y a las empresas papeleras a hacer cambios profundos en el ciclo productivo de pulpa y papel encaminadas a la eliminación de blanqueadores, el uso de energías limpias y a encontrar sustitutos naturales renovables de la extracción de celulosa de origen forestal.

La efectividad del cultivo de cáñamo como producto capturador de CO_2 depende de la producción industrial en grandes extensiones, por esta razón es de suma importancia la intervención articulada del sector público y de la iniciativa privada para alcanzar altos niveles de producción, en lo que respecta al sector público le corresponde utilizar todos los instrumentos que le proporciona el Estado para impulsar este cultivo en condiciones de sostenibilidad, generando políticas que incluyan beneficios ambientales, económicos y sociales al campo colombiano.

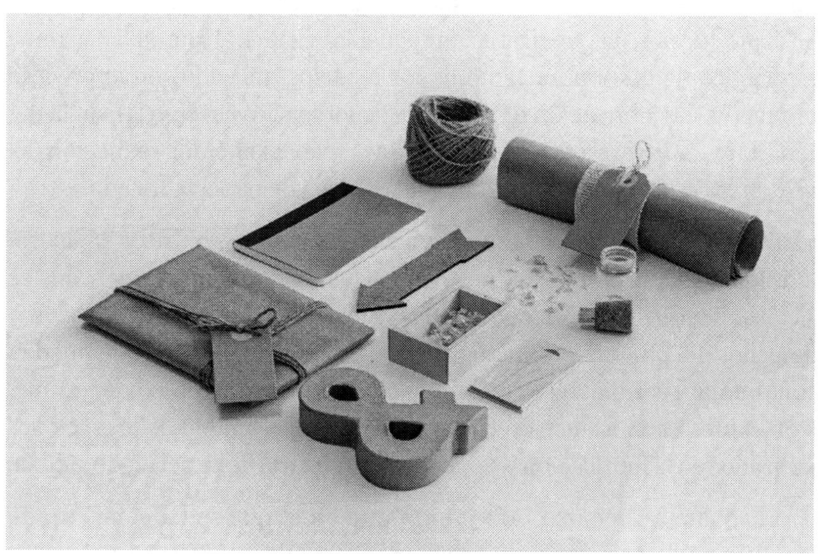

El sector privado puede aportar de forma significativa, desde su perspectiva empresarial de negocios, con la inversión de considerables cantidades de recursos para el desarrollo de cultivos industriales de cáñamo competitivos e impulsando la industria de cáñamo para aprovechar todas las bondades de la biomasa de cáñamo que puede ser utilizada como bioinsumo como materia prima para la elaboración de productos terminados en más de 15 sectores industriales de la estructura económica del país.

El cultivo de cáñamo con fines industriales es una buena herramienta para la captura de CO_2, con lo cual cumple una importante tarea en la lucha para contrarrestar los efectos causados por el cambio climático, de igual forma, la polivalencia de la biomasa de cáñamo brinda una gran oportunidad para el sector privado para impulsar la actividad agrícola industrial y economía del país.

6. EL MERCADO DE PULPA Y PAPEL EN COLOMBIA

La industria de papel en Colombia viene realizando esfuerzos encaminados a la reducción de los impactos generados por la cadena de valor de la producción de papel, el sector papelero viene trabajando en el tema estratégico de gestión eficiente de los recursos utilizados en el proceso productivo de fabricación de papel, de acuerdo a Riveros (2023)[3] en la década 2010 – 2020 el sector de producción de papel logró una reducción del 14% en la captación de agua por cada tonelada de papel fabricado.

La gestión eficiente del uso racional de los recursos hídricos en la producción de papel también se presentó en los residuos líquidos vertidos, se alcanzó a reducir en esta década el 17% de las sustancias emitidas como desechos del proceso productivo en la elaboración del papel que pueden contaminar las aguas, estos valores alcanzados en el proceso de producción expresan un avance en el uso y consumo sostenible de los recursos utilizados en la fabricación de papel en la industria de papel en Colombia.

El agua es el recurso más importante en el que se ha concentrado la industria de papel en Colombia, para lo cual las empresas del sector han realizado una serie de inversiones orientadas a realizar una gestión eficiente y sostenible del agua como por ejemplo el sistema de tratamiento de aguas residuales con acciones tales como la reutilización y

3 Riveros, Isabel Cristina. Industria del papel revela sus resultados en la gestión eficiente del agua en el proceso productivo. directora ejecutiva de la Cámara de la Industria de Pulpa, Papel y Cartón de la ANDI. Bogotá, 2023.

recirculación del agua, es decir, con la aplicación de los principios de la economía circular, la directora ejecutiva de la Cámara de la Industria de Pulpa, Papel y Cartón de la ANDI, asegura que los vertimientos de agua en la última década se han reducido en 8.1%.

En el proceso de producción de papel en Colombia el recurso hídrico es esencial, razón por la cual los empresarios del sector del papel se han concentrado en la gestión eficiente y sostenible del agua, es un asunto estratégico empresarial de gran importancia la optimización del recurso hídrico en la cadena de producción del papel, de acuerdo a lo expresado por la ANDI a través de la Cámara de la Industria de Pulpa, Papel y cartón se ha alcanzado con el uso de la recirculación se ha logrado reciclar más del 80% del agua captada.

La Cámara de la Industria de Pulpa, Papel y cartón afirma que el trabajo de los empresarios del papel también se ha orientado hacia el uso de procesos de tratamiento aerobios y anaerobios con el fin de reducir la carga orgánica que se devuelve a los cuerpos de agua, una vez se ha tratado el agua residual que resulta del proceso productivo del papel, el resultado de este trabajo se evidencia en una menor captación de agua y el vertimiento de agua menos contaminada y cada vez más limpia.

El sector de pulpa, papel y cartón en Colombia también tiene previsto en sus planes estratégicos avanzar en la sostenibilidad de sus procesos productivos, es decir, abrirle un camino verde a la producción de pulpa, papel y cartón, como punto de partida se encuentra el tema de iniciar un proceso de sustitución de la celulosa proveniente de origen forestal por otros productos naturales renovables como es el caso del bagazo de caña y el cáñamo.

El uso de materias primas sostenibles es uno de los temas relevantes en los que están trabajando los empresarios nacionales del mercado de pulpa, papel y cartón, de igual forma el mercado nacional enfrenta el incremento de los precios de papel reciclado y los insumos químicos, para los próximos años se espera seguir trabajando en la consolidación del modelo de producción circular en el que se privilegia la gestión eficiente de los recursos, el uso de energías renovables, la eliminación químicos blanqueadores, la reducción de la huella de carbono, la destinación de importantes recursos para la inversión y la generación de estrategias empresariales innovadoras para mantener la competitividad en el mercado.

Figura No. 54, Temas Relevantes a Trabajar el Mercado Nacional de Pulpa, Papel y Cartón (ANDI)

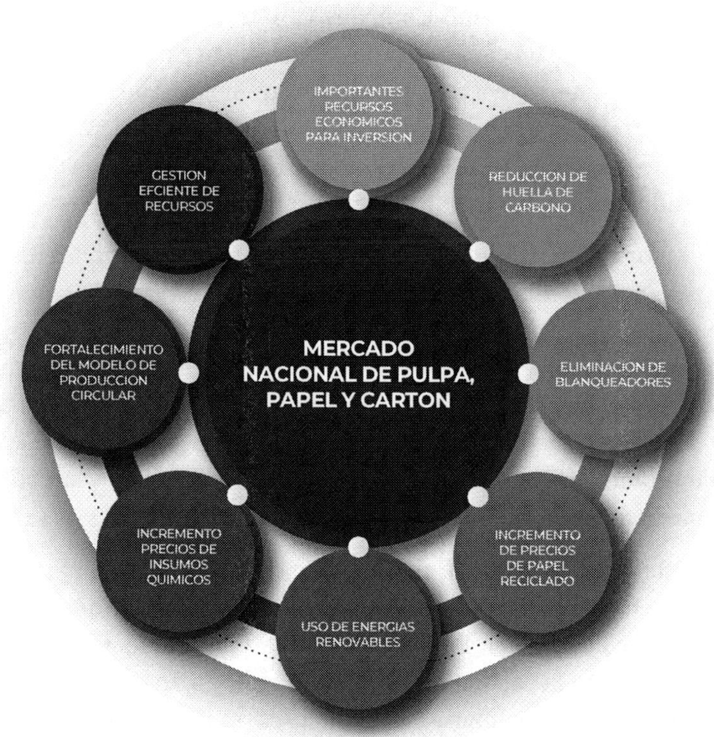

7. LA PRODUCCIÓN SOSTENIBLE DE CELULOSA CON CAÑAMO UNA INCIATIVA EMPRESARIAL DE INTELAAGRO S.A.S.

La industria de papelera en el mundo enfrenta un gran desafío respecto a la fuente de materia prima sustentada en los árboles para la elaboración de papel y cartón, es una tarea imperativa para los empresarios sustituir su fuente forestal por que los árboles hoy son la principal herramienta para combatir el fenómeno del cambio climático y al aumento de la temperatura en el planeta.

La empresa IntelaAgro S.A.S. consciente de su compromiso de contribuir a una producción agrícola sostenible está liderando una iniciativa empresarial junto a sus aliados estratégicos Sostenibilidad & Desarrollo Latam S.A.S. y Hemp Company CBD S.A.S. para producir papel con la fibra natural de cáñamo, el papel elaborado a partir de cáñamo es una excelente alternativa frente a la forma tradicional de elaborar papel cuya materia prima son los árboles, el cáñamo se puede convertir en una fuente renovable sostenible para satisfacer en gran parte las necesidades mundiales del mercado de papel.

El sector industrial de pulpa, papel y cartón tiene hoy un tema pendiente de análisis, discusión y decisión frente a la forma de cómo contribuir en la mitigación del cambio climático dejando de utilizar árboles como materia prima para elaborar papel y acudiendo al cáñamo como fuente de materia prima, porque el cáñamo es una planta versátil, polivalente de alto rendimiento que requiere de pocos insumos técnicos, tiene un importante impacto positivo sobre el medio ambiente y sus cultivos son una fuente importante de captura de grandes cantidades de CO_2.

La celulosa para fabricar papel obtenida a partir del cáñamo tiene grandes ventajas competitivas porque es una materia prima de origen natural renovable, la celulosa extraída es de alta calidad, tiene alto rendimiento y tiene la capacidad de atrapar carbono, todas estas ventajas favorables hacen del cáñamo un producto natural apto para convertirse en la materia prima sostenible ideal para producir celulosa y papel.

Los argumentos positivos del desempeño del cáñamo en lo ambiental, económico y social motivaron a la empresa IntelaAgro S.A.S. a concebir, estructurar y liderar la iniciativa empresarial denominada **"La Producción Sostenible de Celulosa con Cáñamo para Fabricar Papel. Una Alianza Empresarial Responsable"**, IntelaAgro consciente de la necesidad de potenciar el proyecto decide liderar una alianza estratégica con las empresas Hemp Company CBD S.A.S., Sostenibilidad & Desarrollo Latam S.A.S. con fin de generar una sinergia conjunta para el desarrollo de un proyecto de cultivo de cáñamo para fines industriales y utilizar su biomasa para la extracción de celulosa con el fin de fabricar papel y cartón.

El proyecto de producción de celulosa a partir de cáñamo se encuentra considerado en los ejercicios de planeación estratégica de IntelaAgro S.A.S., Hemp Company CBD S.A.S. Sostenibilidad & Desarrollo Latam S.A.S. que buscan en sus modelos de negocio el desarrollo de la cadena de valor de la producción agrícola de cáñamo para uso industrial con el fin de suministrar la biomasa de cáñamo a una gran variedad de sectores industriales como materia prima o insumo para la fabricación de productos terminados.

La visión de los mercados de pulpa y papel a nivel mundial, latinoamericano y de Colombia se realizó a partir de las bases de datos que lleva la FAO (Organización de las Naciones Unidas para la Alimentación) anualmente sobre la última publicación realizada en el año 2022 en la que se presenta de forma detallada la producción, consumo, importación y exportación de pulpa, papel y cartón que se realiza a nivel mundial, por continente y por país.

8. EL CAÑAMO UN ALIADO ESTRATEGICO DE LA BIOECONOMÍA PARA EL FORTALECIMIENTO DE LA ESTRUCTURA ECONÓMICA DEL PAIS.

La bioeconomía, la producción eficiente de biomasa de cáñamo con fines industriales y la sostenibilidad con toda seguridad van a generar efectos positivos sobre la transformación productiva, incluyente, rentable y circular del campo en Colombia, la articulación inteligente de estos tres temas genera un gran potencial productivo sostenible para impulsar un importante cambio en la producción agrícola en el país.

El campo colombiano necesita impulsar la productividad sostenible para recuperar esa vocación agrícola que le representó en las décadas de 1960 y 1970 importantes aportes al PIB colombiano, el campo y la producción agrícola eficiente y sostenible representan una gran oportunidad para fortalecer la estructura económica del país y llevarlo por un sendero de crecimiento económico responsable sustentado en la bioeconomía circular sostenible.

El cultivo de cáñamo para uso industrial es un producto, cuya producción de biomasa de alta calidad en los fértiles suelos colombianos está comprobado por los altos rendimientos obtenidos, que presenta una gran variedad de propiedades, las cuales le abren un mar de oportunidades en la economía de Colombia en varios sectores industriales como abastecedor de materia prima para la elaboración de más de 25.000 productos terminados, la industria de cáñamo con fines industriales tiene un gran potencial que debe ser impulsada tanto por el sector público como por el sector privado con el propósito de fortalecer la economía, el aparato productivo del país y generar riqueza en el campo.

El marco conceptual de bioeconomía contribuye, sin lugar a dudas, a darle un impulso a la producción agrícola en el país, el campo necesita de profundos cambios para recuperar su senda productiva en condiciones de sostenibilidad, se requiere de una nueva visión el campo colombiano fundamentada en la gestión eficiente y responsable de los recursos naturales renovables, para ello la bioeconomía se convierte en un gran aliado para responder a la gestión sostenible de los recursos biológicos para que sean fuente de producción de alimentos y biomasa de alta calidad que permita un desarrollo sostenible circular de la producción agrícola en el país.

El campo colombiano tiene una gran oportunidad de iniciar un proceso de transformación productiva a partir de la incorporación de conceptos como la bioeconomía circular, la sostenibilidad y la producción de biomasa de alta calidad de cáñamo para fines industriales, con seguridad la bioeconomía circular, la sostenibilidad y la industria de cáñamo van a impulsar de forma sustancial la transformación productiva sostenible de la actividad agrícola en el país en condiciones de eficiencia, inclusión, productividad y rentabilidad.

Capitulo 8

ARTICULACIÓN DE LA BIOECONOMÍA CON LAS POLÍTICAS PUBLICAS

1. LA BIOECONOMÍA EN COLOMBIA: MARCO DE POLÍTICAS PUBLICAS

La Bioeconomía representa para Colombia un tema de gran relevancia estratégica en la búsqueda de cómo aprovechar la gran riqueza que tiene el país en biodiversidad para impulsar la transformación productiva y el desarrollo del sector agrícola, fortalecer la estructura económica, garantizar la seguridad alimentaria y diversificar las exportaciones con el propósito de asegurar su crecimiento y desarrollo económico.

Por medio de los instrumentos constitucionales que dispone la estructura del Estado, para que el poder ejecutivo formule las políticas públicas, se han venido desarrollando una especie de hoja de ruta para aprovechar todo el marco conceptual de la Bioeconomía con el fin de utilizar de forma sostenible los recursos naturales, biológicos y la biodiversidad en el crecimiento económico del país.

El potencial de la Bioeconomía para el desarrollo sostenible de la economía colombiana es inmenso, por eso es importante a través de las políticas públicas focalizar y movilizar los aportes técnicos, humanos y financieros de distintos los actores que intervienen para el desarrollo de la Bioeconomía en el país a corto, mediano y largo plazo.

El Ministerio de Ciencia, Tecnología e Innovación ha venido desarrollando un trabajo de articulación y gestión de iniciativas desde la ciencia, la tecnología y la innovación, pero aún hay mucho para hacer para aprovechar el gran potencial de la Bioeconomía a futuro, es importante concentrar esfuerzos, sinergias y recursos para obtener resultados con un mayor impacto en los territorios.

2. MARCO NORMATIVO Y REGULATORIO DE LA BIOECONOMÍA EN COLOMBIA

En lo que se refiere a la regulación existente y el desarrollo normativo se encuentra concentrado en compromisos adquiridos por Colombia en el plano internacional con la ONU como es el caso de los Objetivos de Desarrollo Sostenible (ODS), la Conferencia de las parte (COP), el Acuerdo de París, la Convención Marco de Naciones Unidas sobre Cambio Climático, en el nivel interno tenemos los documentos del Consejo Nacional de Política Económica y Social (CONPES), el Plan Nacional de Desarrollo y las orientaciones de los Ministerios involucrados en el amplio concepto de la bioeconomía, el marco normativo y regulatorio lo constituyen los siguientes elementos:

1. Objetivos de Desarrollo Sostenible (ODS)
2. CONPES 3934 de 2018-Política Nacional de Crecimiento Verde
3. CONPES 3990 de 2020-Colombia potencia Bioceánica Sostenible 2030
4. CONPES 4021 de 2020- Política Nacional para el control de La deforestación y la gestión sostenible de los Bosques
5. CONPES 4004 de 2020-Economía circular en la gestión de los servicios de agua potable y manejo de aguas residuales
6. CONPES 4023 de 2021- Política para la reactivación, la repotenciación y el crecimiento sostenible e incluyente: nuevo compromiso por el futuro de Colombia
7. CONPES 4069 de 2021- Política Nacional de Ciencia, Tecnología e Innovación 2022-2031
8. Misión Internacional de Sabios 2019
9. Bioeconomía para una potencia viva y diversa: hacia una sociedad impulsada por el conocimiento 2020

10. Plan Nacional de Desarrollo
11. Plan Nacional de Negocios verdes

Figura No. 55, Marco Normativo y Regulatorio de Bioeconomía en Colombia

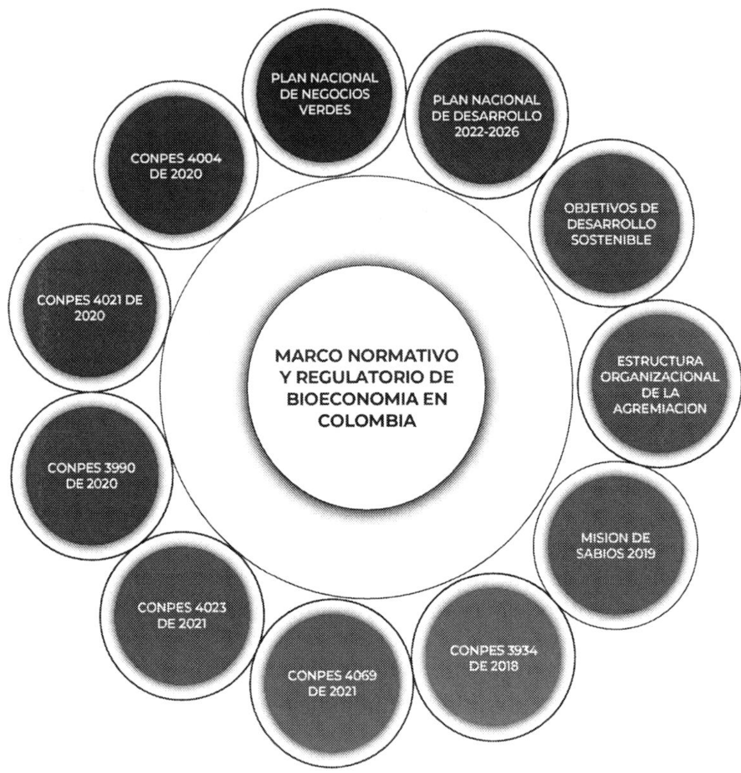

2.1. CONPES 3934 DE 2018-POLÍTICANACIONAL DE CRECIMIENTO VERDE

En el año 2018 con el objetivo de diseñar una hoja de ruta de Bioeconomía y desarrollo rural se aprobó el CONPES de Crecimiento Verde 3934, el cual establece los lineamientos principales del documento

Bioeconomía para una potencia viva y diversa: hacia una sociedad impulsada por el conocimiento.

El objetivo de este CONPES es llevar al país a una transición hacia un modelo económico más sostenible, competitivo e inclusivo, para ello plantea cinco ejes estratégicos sobre los cuales espera alcanzar este propósito, estos ejes estratégicos son:

1. Generar nuevas oportunidades económicas para diversificar la economía a partir de la producción de bienes y servicios basados en el uso sostenible del capital natural;
2. Mejorar el uso de los recursos naturales en los sectores económicos para que sean más eficientes y productivos, y se reduzcan y minimicen los impactos ambientales y sociales generados por actividades productivas;
3. Promover la generación y el fortalecimiento del capital humano para afrontar los nuevos retos de conocimiento y experiencia que genera el crecimiento verde;
4. Adelantar acciones estratégicas en materia de ciencia, tecnología e innovación como herramienta necesaria para avanzar hacia cambios en los sectores productivos y encontrar nuevos procesos, insumos y tecnologías más eficientes que generen valor agregado a la economía nacional;
5. Realizar acciones para asegurar una coordinación y articulación interinstitucional requeridas para la implementación de la Política, al igual que el fortalecimiento de las capacidades para la generación de información necesaria para la toma de decisiones en crecimiento verde y mecanismos para la financiación de proyectos sostenibles.

Figura No. 56, CONPES 3934 Política Nacional de Crecimiento. verde

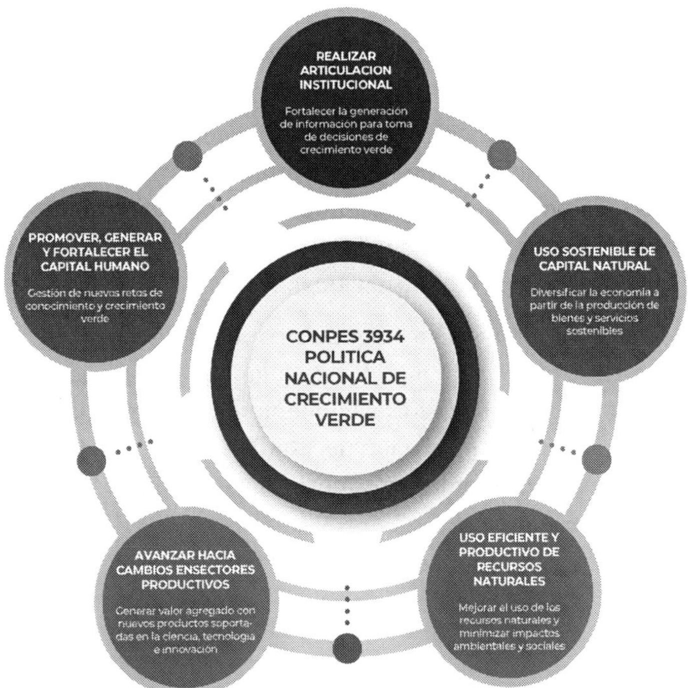

2.2. CONPES 3990 DE 2020-COLOMBIA POTENCIA BIOCEÁNICA SOSTENIBLE 2030

El documento de política "Colombia Potencia Bioceánica Sostenible 2030" busca poner en la agenda del país a los océanos como agentes de desarrollo sostenible y convertir a Colombia como potencia oceánica, los océanos son una excelente fuente de ecosistemas marinos, biodiversidad, estos recursos le generan al país la posibilidad de desarrollar gran conocimiento con el fin de lograr el uso de estos recursos para impulsar y avanzar en su proceso de crecimiento y desarrollo sostenible.

Colombia tiene un gran potencial por tener dos océanos, razón por la cual la política trazada en este documento CONPES, este tema estratégico considera las siguientes líneas:

1. La gobernanza interinstitucional bioceánica,
2. Soberanía, defensa y seguridad integral marítima,
3. Conocimiento, investigación y cultura marítima,
4. Ordenamiento y gestión de los espacios marinos, costeros en insulares y
5. Desarrollo de las actividades marítimas y los municipios costeros.

Figura No. 57, CONPES 3990 Colombia Potencia Bioceánica Sostenible 2030

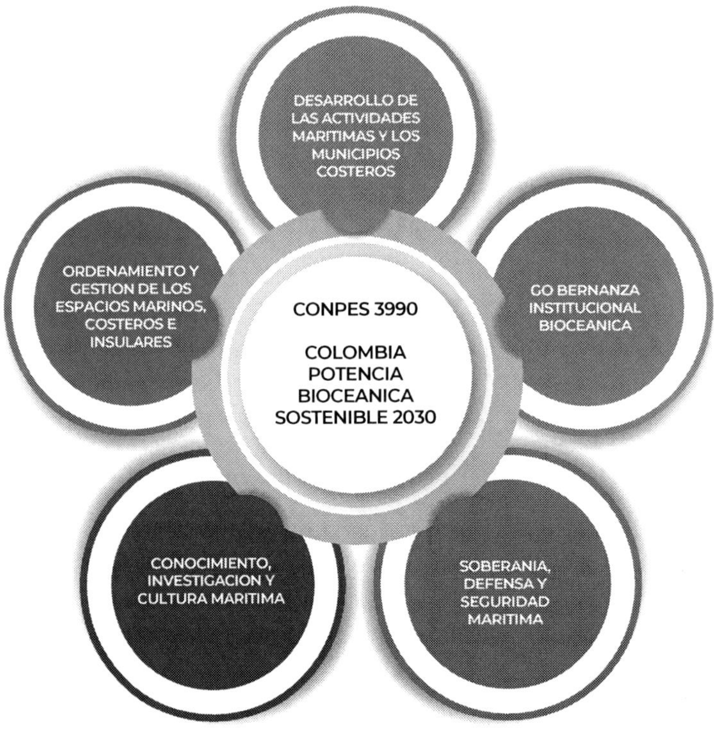

3. CONPES 4021 DE 2020- POLÍTICA NACIONAL PARA EL CONTROL DE LA DEFORESTACIÓN Y LA GESTIÓN SOSTENIBLE DE LOS BOSQUES

Los bosques hoy tienen gran relevancia para la salud y bienestar de la población mundial por todos los servicios ecosistémicos que le prestan, además se convirtieron en el mejor aliado para combatir el cambio climático por su gran capacidad de absorción de CO_2 y la producción de oxígeno.

El CONPES 4021 tiene gran importancia porque hay una gran necesidad de proteger los bosques, se estima, de acuerdo al documento Conpes 4021, que entre el año 2.000 y el año 2019 Colombia perdió 2,8 millones de hectáreas de bosques por deforestación, es indispensable mantener la alta diversidad ecológica del país, razón por la cual la política Nacional para el control de la deforestación y la Gestión Sostenible de los Bosques se enfoca en:

1. Implementar estrategias transectoriales para el control de la deforestación,
2. La gestión de los bosques para impulsar el uso sostenible del capital natural,
3. Impulsar la economía forestal y
4. Impulsar el desarrollo comunitario en los núcleos de alta deforestación.

Figura No. 58, CONPES 4021 Política Nacional de control de deforestación y Gestión Sostenible de Bosques

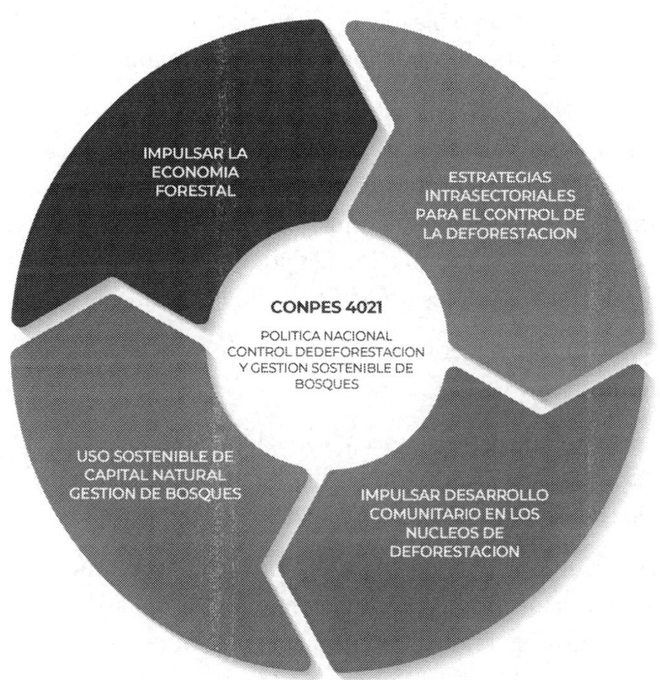

4. CONPES 4004 DE 2020-ECONOMÍA CIRCULAR EN LA GESTIÓN DE LOS SERVICIOS DE AGUA POTABLE Y MANEJO DE AGUAS RESIDUALES

El crecimiento de la población está generando un aumento de la demanda de los servicios de acueducto y alcantarillado que ponen en riesgo la provisión de estos servicios en condiciones de calidad, oportunidad continuidad y sostenibilidad, por esta razón este documento Conpes enfoca esfuerzos a la implementación de un modelo integral de gestión del agua enfocado en el uso eficiente, la sostenibilidad y la protección de los recursos hídricos.

El documento CONPES 4004 propone a la economía circular como eje en la gestión de los servicios de agua potable y manejo de aguas residuales, cuyo objetivo es mejorar las capacidades institucionales y de gobernanza, implementar un modelo de economía circular y desarrollar mecanismos de gestión de la información con el fin de promover la oferta de agua en el largo plazo y la prestación de los servicios de acueducto y alcantarillado en condiciones de calidad y continuidad.

El Consejo Nacional de Política Económica y Social (CONPES) con la definición de los lineamientos para la gestión de los servicios de agua potable y manejo de aguas residuales se logró alinear con la visión del país en materia de aprovechamiento de su recursos y economía circular, y con los compromisos internacionales adquiridos para la implementación de los Objetivos de Desarrollo Sostenible (ODS).

Los objetivos específicos que busca la definición de esta política son los siguientes:

1. Fortalecer la gobernanza y capacidad institucional del sector para promover la economía circular en la prestación de los servicios de acueducto y alcantarillado.

2. Desarrollar estrategias para promover la economía circular en los servicios de agua potable y manejo de aguas residuales que permita asegurar la oferta de agua en el largo plazo.

3. Mejorar calidad y confiabilidad de la información sectorial para la toma de decisiones en relación con la economía circular en los servicios de agua potable y manejo de aguas residuales.

Figura No. 59, CONPES 4004 Economía Circular en la Gestión de los Servicios de Agua Potable y Aguas Residuales

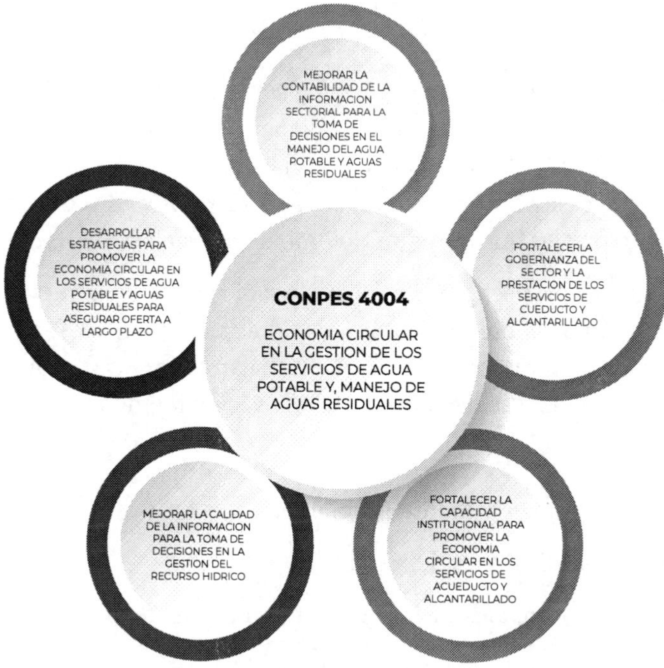

5. CONPES 4069 DE 2021- POLÍTICA NACIONAL DE CIENCIA, TECNOLOGÍA E INNOVACIÓN 2022-2031

La ciencia, la tecnología y la investigación contribuyen de forma sustancial en los retos sociales, económicos y ambientales que enfrenta el país, además porque son un factor fundamental para el crecimiento del país y la ampliación de la productividad a corto, mediano y largo plazo, el propósito que busca el Consejo Nacional de Política Económica y Social es incrementar la contribución de la CTI al desarrollo social, económico, ambiental, y sostenible del país, con un enfoque diferencial, territorial, y participativo, considerando como ejes estratégicos el fomento a vocaciones y empleo en CTI, la generación de conocimiento, el uso del conocimiento y la apropiación del conocimiento.

6. MISIÓN INTERNACIONAL DE SABIOS 2019

El Gobierno Nacional en el año 2019 convoca a un grupo de expertos en varias áreas del conocimiento a quienes se les encomienda ayudar a trazar la ruta para el avance de la ciencia, la tecnología y la innovación con el fin de contribuir a la superación de los retos y a los desafíos productivos y sociales que enfrenta Colombia en el siglo XXI,

El principal propósito de la misión de sabios fue la construcción e implementación de la política pública de Educación, Ciencia, Tecnología e Innovación, los temas relevantes que trabajaron para trazar la ruta del avance de la ciencia, la tecnología y la innovación fueron los siguientes:

1. Bioeconomía,
2. Biotecnología y Medio Ambiente,
3. Ciencias Básicas y del Espacio,
4. Ciencias sociales y desarrollo humano con equidad,
5. Ciencias de la vida y de la salud,
6. Energías sostenibles,
7. Industrias creativas y culturales,
8. Océanos y recursos hidrobiológicos y
9. Tecnologías convergentes e Industrias 4.0.

La Misión también trabajó en recomendaciones orientadas a encauzar el desarrollo y la agenda política para incrementar el impacto del conocimiento en la sociedad con estrategias enfocadas a los medios de investigación e innovación en problemas críticos y la implementación de políticas orientadas por misiones.

Figura No. 60, Misión de Sabios 2019, Hoja de Ruta Temas Relevantes

7. PLAN NACIONAL DE DESARROLLO 2022 – 2026 "COLOMBIA POTENCIA MUNDIAL DE LA VIDA"

En el Plan Nacional de Desarrollo se aborda el tema de la bioeconomía en el eje 4 de transformación "Transformación productiva, internacionalización y acción climática", este eje estructural del Plan Nacional tiene como propósito trabajar, mediante el conocimiento y la innovación, por la diversificación de las actividades productivas que aprovechen el capital natural, profundicen en el uso de energías limpias y aporten en la lucha contra el cambio climático. Con la diversificación de las actividades productivas que aprovechen el capital natural se se espera:

- Una productividad que propicie el desarrollo sostenible y la competitividad del país,
- Sustentar la productividad de la economía nacional sobre la reindustrialización y la bioeconomía en un ámbito de conocimiento e innovación,
- Direccionar la economía hacia la sostenibilidad,
- Generar modelos de bioeconomía a partir del conocimiento y la innovación
- Aumentar la riqueza al tiempo que es incluyente,
- Dejar de manera progresiva la dependencia de actividades extractivas y
- Dar paso a una economía reindustrializada con nuevos sectores soportados en las potencialidades territoriales en armonía con la naturaleza.

Figura No. 61, Ejes Estructurales del Plan Nacional de Desarrollo 2022 - 2026

Figura No. 62, Eje Estructural Transformación Productiva, Internacionalización y Acción Climática del Plan Nacional de Desarrollo 2022 - 2026

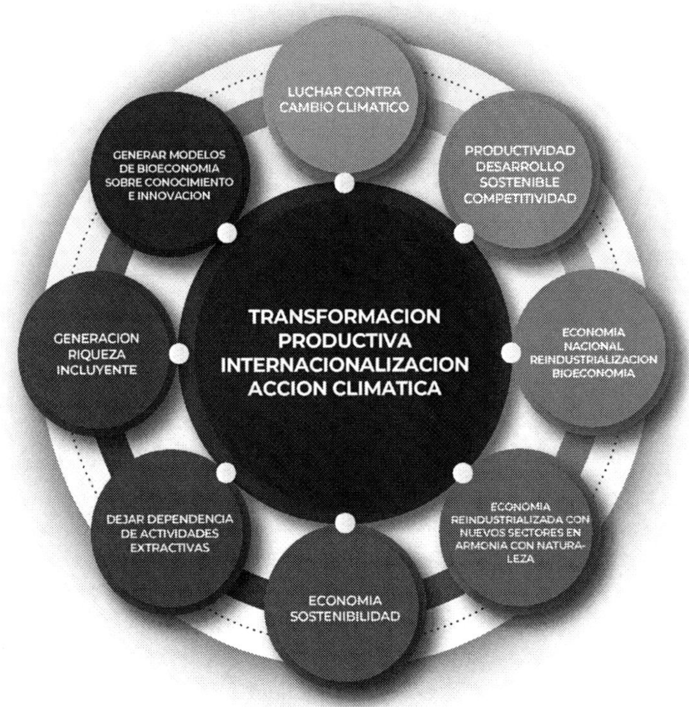

8. PLAN NACIONAL DE NEGOCIOS VERDES

El Plan Nacional de Negocios Verdes es un instrumento de desarrollo y posicionamiento de bienes y servicios que generan impacto ambiental positivo en Colombia creado e impulsado por el gobierno del presidente Gustavo Petro, el Plan Nacional de Negocios Verdes responde a tres líneas:

- La conservación y uso sostenible de la biodiversidad (generación de bioproductos),
- La descarbonización y acción climática (transición energética)

- El fortalecimiento de la generación de tejido social (alternativas que contribuyan a la generación de empleos verdes e ingresos en las diferentes regiones).

Figura No. 63, Líneas del Plan Nacional de Negocios Verdes

El Plan de Negocios verdes se trazó el objetivo de alcanzar la realización de 12.630 negocios verdes verificados y fortalecidos con medición de impacto ambiental positivo y medición de huella de carbono al año 2030, en este momento existen tres categorías de negocios verdes, a saber:

1. **La primera categoría es Bioproductos y Servicios Sostenibles:** Son aquellos que, en su proceso de aprovechamiento, producción, manejo, transformación, comercialización o disposición, incorporan mejores prácticas ambientales a partir del uso y aprovechamiento de los recursos biológicos; dentro de las subcategorías de esta categoría se encuentran: agrosistemas sostenibles, agroindustria sostenible, biocomercio, biotecnología y turismo sostenible;
2. **La segunda categoría es Ecoproductos Industriales:** Son todos aquellos bienes y servicios que pueden demostrar que en su proceso productivo resultan ser menos contaminantes al medio), que incluye las subcategorías de: aprovechamiento y valorización de residuos, moda sostenible, construcción e infraestructura sostenible y empaques y envases ecológicos .
3. **La tercera categoría es Productos por la Calidad Ambiental:** Son negocios que en su modelo de producción incorporan acciones que buscan la disminución de la contaminación del aire, el agua y el suelo, así como la mitigación o adaptación al cambio climático, mediante la implementación de acciones y tecnologías verdes.

Figura No. 64, Categorías de Negocios Verdes, Plan Nacional de Negocios Verdes.

9. DEPARTAMENTO DE PLANEACIÓN NACIONAL: POLÍTICAS Y OBJETIVOS NACIONALES DE LA BIOECONOMÍA

Planeación Nacional establece un alcance de la bioeconomía para desarrollar en el país y ve el potencial de todo su contenido conceptual como una estrategia de crecimiento económico en los siguientes términos "Una estrategia de crecimiento económico basada en bioeconomía es aquella en la que se gestiona de manera eficiente y sostenible la Biodiversidad y la biomasa residual para generar nuevos productos, procesos y servicios de valor agregado basados en conocimiento e innovación que permiten crear nuevas palancas de crecimiento, desarrollo y progreso en las regiones de Colombia".

Planeación Nacional le otorga un alcance importante a la bioeconomía en el crecimiento económico del país, considera que el país le debe apostar a la bioeconomía basada en los siguientes términos:

- Innovación de productos, procesos, servicios y tecnologías.
- Nuevas tecnologías habilitantes en sectores tradicionales (Biotecnología, nanotecnología, TIC, entre otras)
- Investigación interdisciplinaria
- Uso respetuoso, eficiente y sostenible de la biodiversidad.
- Impacto social, económico y ambiental
- Valoración del conocimiento local y tradicional.
- Negocios globales y sostenibles.

El Departamento de Planeación Nacional considera que los sectores industriales más destacados donde se puede sacar más provecho son los siguientes:

- **Sector de producción primaria:** sector agrícola y pecuario, porque el país presenta abundancia en recursos biológicos, genéticos y biomasa residual, es generador de empleo, tiene capacidad científica, presencia clusters.
- **Sector de productos intermedios:** sector químico y energía, estos sectores cuentan con una gran capacidad científica, productividad, presencia de innovaciones en empresas e inversiones en ACTI (Actividades de Ciencia, Tecnología e Innovación), estos sectores tienen un gran potencial para sustituir fósil por biológico así como química verde y bioenergía.
- **Sector de productos terminados:** Alimentos y potenciales Farmacéutico, textil y cosmético. Estos sectores tienen una importante aactividad económica desarrollada, cuentan con gran

capacidad científica relacionada, tiene presencia de empresas innovadoras e inversiones en ACTI, así como clústeres relacionados en el país.

10. ARTICULACIÓN DEL CULTIVO DE CAÑAMO INDUSTRIAL CON EL PLAN NACIONAL DE DESARROLLO, EL PLAN NACIONAL DE NEGOCIOS VERDES Y LA BIOECONOMÍA

El impulso que le hadado al cultivo de cáñamo con fines industriales la alianza empresarial estratégica de IntelaAgro S.A.S., Hemp Company CBD S.A.S y Sostenibilidad & Desarrollo Latam S.A.S. ha sido muy importante, porque en esta sinergia corporativa convergen una serie de temas relevantes que hacen parte de la cultura empresarial de cada una de ellas que enriquece significativamente esta gran iniciativa de producción agrícola industrial de cáñamo.

Son bastantes los beneficios económicos, sociales, ambientales, productivos e impactos positivos que se originan en las comunidades rurales campesinas con la producción industrial de cáñamo que va ser utilizada como materia prima en múltiples sectores industriales del aparato productivo del país, la alianza estratégica empresarial tiene el propósito común de contribuir con sus capacidades empresariales al desarrollo rural agrícola.

Las iniciativas empresariales de la alianza estratégica empresarial son actividades de producción agrícola del orden privado en el que se logran articular los fines empresariales con las políticas públicas para contribuir al desarrollo integral de las comunidades rurales campesinas con la producción agrícola de cáñamo con propósitos industriales.

El cultivo de cáñamo con fines industriales en el entorno de la bioeconomía se articula o tiene convergencia con el Plan Nacional de Desarrollo, el Plan Nacional de Negocios Verdes y Planeación Nacional en una serie de temas estratégicos que van a generar una sinergia institucional entre el sector privado y el sector público, de tal forma, que esta articulación institucional despliega una energía social, económica, ambiental e institucional para impulsar el desarrollo integral de las comunidades rurales campesinas.

El Plan Nacional de Desarrollo es la carta de navegación del Gobierno Nacional, es un documento base en el que se consignan los lineamiento s estratégicos de las políticas públicas formuladas por el Presidente de la República a través de su equipo de Gobierno, la elaboración, socialización, evaluación y seguimiento se le asignó al Departamento Nacional de Planeación - DNP.

El **Plan Nacional de Desarrollo - PND** es el instrumento formal y legal otorgado al Gobierno Nacional en el cual se trazan los objetivos del Gobierno y se evalúa la gestión, el PND se compone por una parte general y un plan de inversiones de las entidades públicas del orden nacional, en la parte general se señalan los propósitos y objetivos nacionales de largo plazo, las metas y prioridades de la acción estatal en el mediano plazo y las estrategias y orientaciones generales de la política económica, social y ambiental que serán adoptadas por el gobierno.

El cultivo de cáñamo industrial que se desarrolla en el marco conceptual de la bioeconomía tiene sus puntos de encuentro, articulación y convergencia con el Plan Nacional de Desarrollo 2022 – 2026 en los ejes temáticos estructurales del PND que se enumeran a continuación:

Transformación productiva, internacionalización y acción climática:

- Economía productiva a través de la reindustrialización y la bioeconomía:
    - Modelo de bioeconomía basada en el conocimiento y el consumo responsable
    - Modelos de producción sostenible y regenerativos en agricultura

Convergencia regional:

- Reestructuración y desarrollo de sistemas nacionales y regionales de productividad
    - transformación productiva de las regiones
    - Inserción de las regiones en las cadenas globales de valor

- **Actores diferenciales para el cambio:**
- El campesinado colombiano como actor del cambio
- Tierra y territorialidades campesinas
- Economía campesina
- Mayor participación del campesinado con fortalecimiento de los mecanismos de interlocución

El cultivo de cáñamo industrial que se desarrolla en el marco conceptual de la bioeconomía tiene sus puntos de encuentro, articulación y convergencia con el Plan Nacional de Negocios Verdes en las siguientes líneas:

- La conservación y uso sostenible de la biodiversidad con la generación de bioproductos
- La descarbonización y la acción climática, con la transición energética
- El fortalecimiento de la generación de tejido social, con alternativas que contribuyan a la generación de empleos verdes e ingresos en las diferentes regiones del país.

El Departamento de Planeación Nacional considera de gran importancia el tema de la bioeconomía para el crecimiento sostenible del país, le otorga un alcance promisorio para el desarrollo regional, Planeación Nacional le otorga a la bioeconomía los siguientes alcances:

- Innovación de procesos, productos, servicios y tecnologías
- Nuevas tecnologías habilitantes en sectores tradicionales
- Investigación interdisciplinaria
- Uso eficiente, respetuoso y sostenible de la biodiversidad
- Impacto económico, social y ambiental
- Negocios globales sostenibles, valoración del conocimiento tradicional y local

Figura No. 65, Planeación Nacional y el Alcance de la Bioeconomía en el País

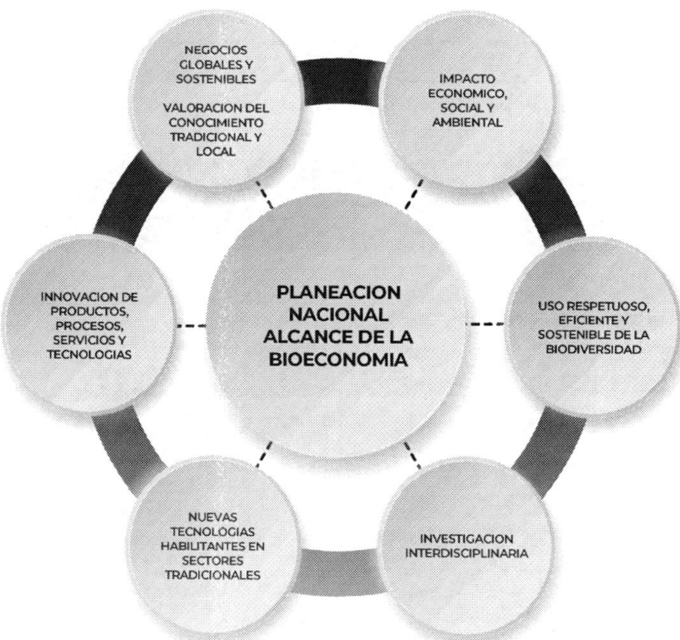

La iniciativa empresarial de la alianza estratégica de IntelaAgro S.A.S., Sostenibilidad & Desarrollo Latam S.A.S. y Hemp Company S.A.S. con el cultivo de cáñamo con fines industriales tiene convergencia conceptual con las políticas públicas existentes en el marco del Plan Nacional de

Desarrollo, el Plan Nacional de Negocios Verdes y las políticas formuladas en Planeación Nacional con el papel preponderante de la bioeconomía, como eje impulsor, para la transformación productiva del campo, el desarrollo regional y la contribución al fortalecimiento de la estructura económica del país, en el siguiente diagrama se puede apreciar cómo se realiza la convergencia y se puede llevar a cabo una articulación entre lo público y lo privado para impulsar el crecimiento económico sostenible del país.

Figura No. 66, Diagrama de Convergencia y Articulación de las Políticas Públicas con la Alianza Empresarial Estratégica para el Cultivo de Cáñamo con fines Industriales en el Marco de la Bioeconomía

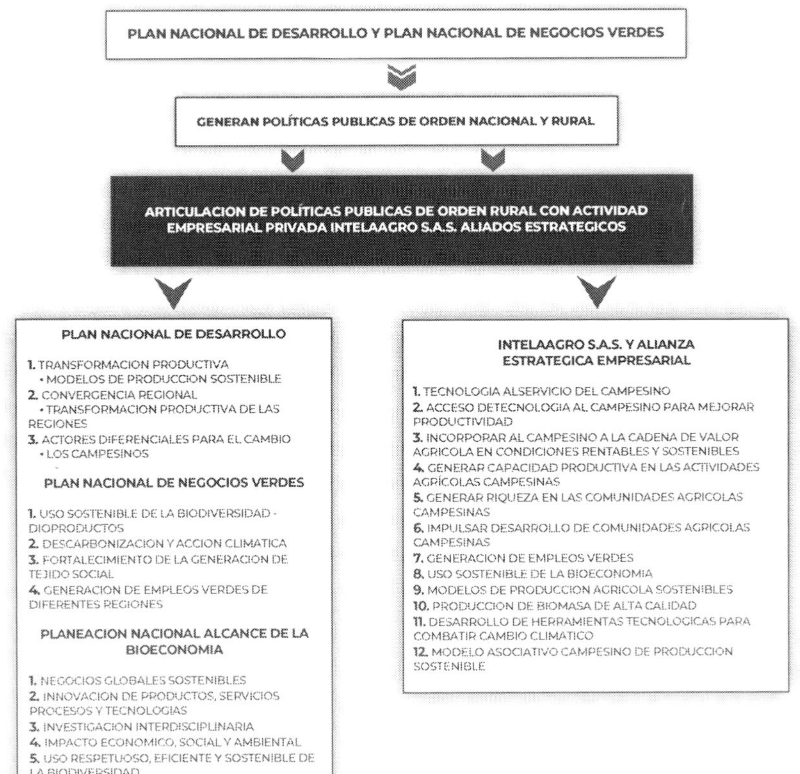

Capitulo 9
BIOECONOMÍA Y NANOTECNOLOGÍA

1. ENTORNO CONCEPTUAL DE LA NANOTECNOLOGIA

La comunidad científica, con su incansable y perseverante trabajo de investigación, siempre en la búsqueda del bienestar del hombre, la transformación y desarrollo de la sociedad, comenzó bajo el liderazgo de Feynman[1] (1959) a abrirle camino a un tema de suma importancia para el avance y progreso de la humanidad como es la nanotecnología.

La nanotecnología tiene la capacidad de imprimirle cambios profundos al desarrollo de la humanidad a transformar la economía y la sociedad planetaria, porque tiene numerosas aplicaciones en industrias y servicios, el manejo de la materia a nivel nanométrico encontrará un uso innovador en un sin número de industrias y mercados, de tal forma, que permitirá el diseño de nuevos materiales, la presencia de la nanotecnología impulsará la aplicación en:

- El sector de la Salud y la medicina,
- La industria Farmacéutica,
- La industria Electrónica,
- La industria Robótica,
- El sector Agrícola,
- El sector de la Ingeniería,
- La industria Química,

1 Feynman, Richard. El premio Nobel y físico en 1959 fue el primero en hablar de las aplicaciones de la nanotecnología en el Instituto Tecnológico de California (Caltech).

- La industria textil,
- El sector de la biología,
- El sector de la energía
- E incluso en la preservación del medio ambiente.

La nanotecnología hoy ocupa un lugar privilegiado en la estructura económica de los países desarrollados porque con toda seguridad va generar un impacto importante sobre la sociedad, los negocios y la economía, su presencia va estimular el crecimiento económico, la competitividad, la eficiencia, en fin, la nanotecnología se ha convertido en motor de desarrollo y eje transformador de los mercados porque pueden aparecer nuevos productos y nuevas formas de producción que pueden reducir los precios de fabricación y ser altamente eficientes en la producción.

Los investigadores científicos afirman que mediante la nanotecnología se trabaja la materia a escala atómica para crear nuevas estructuras, materiales y equipos, de acuerdo a los avances logrados la nanotecnología trabaja con partículas, materiales, estructuras y sistemas que tienen una tamaño entre 1 y 100 nanómetros, los cuales presentan propiedades únicas que inciden en las reacciones físicas, químicas y biológicas.

Figura No. 67, Industrias con uso potencial de la Nanotecnología

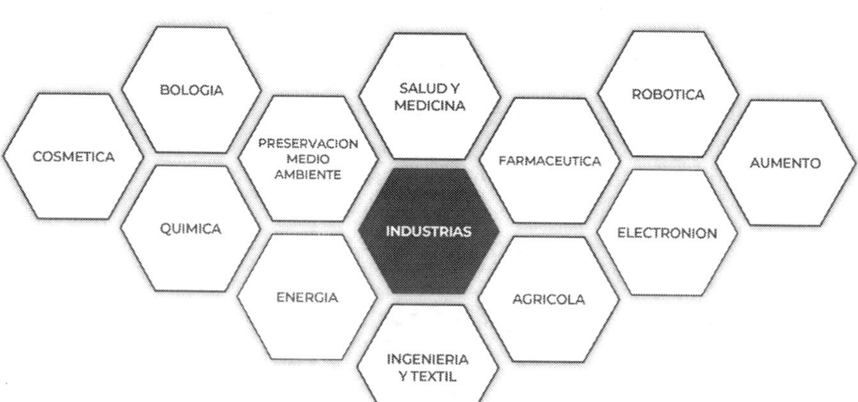

La nanotecnología y el entorno microscópico en el que se desarrolla brinda inmensas posibilidades y oportunidades de diseñar nuevas herramientas desde la materia inorgánica hasta la materia orgánica, razón por la cual la nanotecnología tiene una amplia aplicación en una gran variedad de sectores industriales, circunstancia que generará un gran impacto sobre la estructura de los negocios con la aparición de nuevos modelos de negocios.

El panorama de crecimiento y desarrollo de la nanotecnología trae consecuencias importantes sobre la industria y los negocios, es posible una considerable reducción de costos de producción de bienes y servicios, situación que favorecería tanto a los empresarios como a toda la sociedad porque incide de forma positiva sobre la calidad de vida de las personas.

La sociedad global y la economía mundial se deben preparar para asumir de la mejor forma los cambios que se vienen con el auge de la nanotecnología, por ejemplo, se espera que se presente:

- Una gran competencia por el talento humano,
- Gran impulso a diseño de nuevos programas de educación y formación,

- Una tendencia creciente al registro de nuevas patentes
- La protección de la propiedad intelectual y
- Una intensa competencia por el capital.
- Creación de nuevos puestos de trabajo

Figura No. 68, Áreas de Aplicación de la Nanotecnología y las Nanopartículas

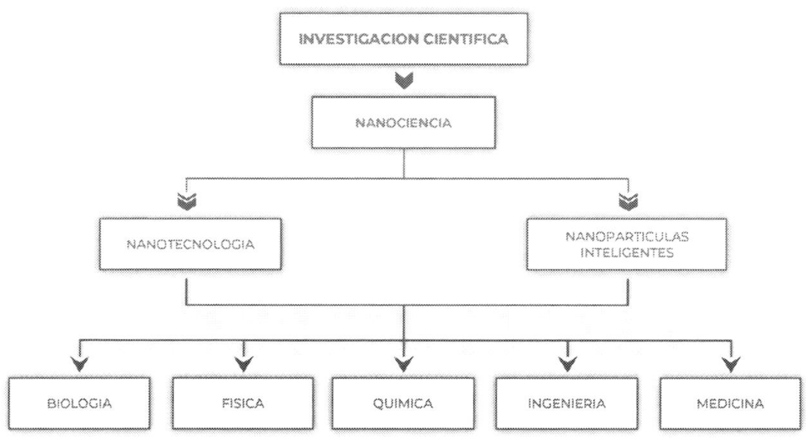

2. EL UNIVERSO DE LAS NANOPARTICULAS: UN MUNDO DE OPORTUNIDADES

La irrupción de la nanociencia, la nanotecnología y las nanopartículas han generado y van a generar grandes transformaciones en todos los aspectos de la vida de las personas en el mundo entero, las innovaciones tecnológicas que se han desarrollado van a producir un impacto positivo sobre la sociedad porque permitirá maximizar la eficiencia en la producción industrial de una gran variedad de productos y servicios.

El conocimiento, las tecnologías y las herramientas que surgen del mundo de las nanopartículas, con seguridad, cambiará la vida de las personas, la economía, los mercados, el entorno empresarial y la forma en que las personas realizan su trabajo, las nanopartículas se perfilan como las abanderadas de una nueva revolución industrial, las transformaciones que se van a presentar son de gran alcance en muchas áreas de la ciencia, la industria, la economía, el medio ambiente y la sociedad.

Las economías de los países desarrollados están presentando cambios importantes por la presencia de la nanociencia, la nanotecnología y las nanopartículas, hay una fuerte tendencia de las empresas a utilizar los beneficios de estos nuevos desarrollos de la ciencia, razón por la cual los modelos de negocios están sufriendo un proceso de transformación, estas nuevas tecnologías proporcionan a las empresas importantes ventajas competitivas y aportan valor considerable a su actividad económica.

Aunque la brecha entre los países desarrollados y los países emergentes se ha ampliado por el uso de la nanotecnología, los países en vías de desarrollo ven una excelente oportunidad para el crecimiento y fortalecimiento de sus economías el uso de estas nuevas tecnologías, por tal motivo es esencial establecer un enfoque de desarrollo armónico, equilibrado y multidimensional para hacer un buen uso de la nanociencia, la nanotecnología y las nanopartículas en:

- La construcción de modelos económicos sustentados en la bioeconomía
- La transformación productiva y sostenible de la agricultura
- Hacer un uso responsable y eficiente de los recursos renovables
- La protección, conservación y cuidado de los bosques
- La procura de mejorar la calidad de vida de todos
- Brindar bienestar a todas las comunidades
- Fortalecer la industria y la economía nacional
- Formular políticas públicas que favorezcan del desarrollo de la nanociencia, la nanotecnología y las nanopartículas

La nanociencia y la bioeconomía son los conceptos que viene aplicando la empresa **Nano Science & Technology S.A.S.**, son dos espacios en donde hay gran potencial para el desarrollo de bioinsumos y bioproductos en el plano industrial, su portafolio de servicios ofrece una gama de productos que brindan a una gran variedad de industrias el uso de sus productos para ser utilizados como materia prima o insumo en la elaboración de productos terminados.

Figura No. 69, Uso potencial de la Nanociencia

Las oportunidades a partir de la nanociencia y la bioeconomía en la economía nacional para la empresa **Nano Science & Technology S.A.S.** son inmensas, especialmente porque la aplicación de sus productos en varios sectores industriales le genera la participación en varios mercados, es decir, la demanda de sus productos tiene una amplia de clientes potenciales porque el universo de las nanopartículas le abre un mundo de oportunidades en la industria nacional.

3. LAS NANOPARTICULAS UN MUNDO DE OPORTUNIDADES EN LA BIOECONOMÍA

La nanotecnología nos brinda diversas opciones para los diferentes sectores de la economía global y el uso de estas tecnologías vanguardistas están más a la mano de los empresarios y comunidad en general, en el mundo de las nanopartículas debemos ser consientes de la trazabilidad y procedencia de la nanotecnología que se va utilizar en los proyectos de producción agrícola con enfoque bioeconómico.

Existen empresas que dan garantía de estos usos y tecnologías que están disponibles en el mercado en el cual debemos resaltar la importancia de conocer la trazabilidad, este mundo tecnológico, tan cambiante e innovador, nos brinda la oportunidad de tener acceso a la información y así mismo tomar decisiones en pro del interés empresarial agrícola, el beneficio de las comunidades agrícolas, de la sociedad en general y del medio ambiente.

La empresa Nano Science & Technology S.A.S. el trabajo serio y estructurado frente a las nanopartículas inteligentes de origen natural, le ha permitido identificar y documentar, en las comunidades campesinas e indígenas, el uso eficiente de las nanopartículas y los grandes beneficios que han resultado para solucionar su compleja problemática que afectan su condición económica, social y la salud de estas comunidades agrícolas que viven y trabajan en condiciones de vulnerabilidad.

La nanotecnología genera grandes beneficios a las comunidades agrícolas campesinas, el uso de nanopartículas está escalando de forma significativa en la sociedad rural agrícola, cada vez más se manipulan nanopartículas inteligentes naturales porque gran parte de los nanobiopreparados se realizan en situ y las personas se apropian de los temas y seguimiento que esto trae para sus actividades de producción agrícola.

El trabajo de realizar procesos educativos y formativos de llevar tecnología al campo y específicamente la nanotecnología a las comunidades agrícolas campesinas abre inmensas oportunidades a estas comunidades, genera gran satisfacción ver como las comunidades agrícolas campesinas se apropian de este conocimiento y tecnología para mejorar el rendimiento de sus productos agrícolas y contribuir al cuidado del medio ambiente, las cuencas hidrográficas y la salud de las personas que están directamente relacionadas con el uso de las nanobiotecnologias aplicadas.

4. CONTRIBUCIÓN DE LA NANOTECNOLOGIA EN EL RENDIMIENTO Y EFICIENCIA DE LOS CULTIVOS Y DEL CULTIVO DE CAÑAMO

Las nanopartículas inteligentes de origen natural patentadas han sido de gran utilidad para los productores agrícolas, esta tecnología de bajo costo, al alcance de los agricultores de diferentes unidades productivas en el sector agropecuario como es el caso del café, caña, cacao, limones, aguacate, etc., con el uso de estas tecnologías, se evidencia, que mediante la estimulación profunda de las células vegetalesse obtiene un mayor rendimiento de sus cosechas.

La nanobiorremediacion del suelo, agua y aire con el uso de biotecnología natural de los ecosistemas con presencia de nanopartículas naturales extraídas de plantas aromáticas han permitido la reducción de costos de producción y la producción de una agricultura limpia, es decir, los productores agrícolas campesinos han logrado obtener una producción agrícola más limpia y con importante valor agregado, de igual forma mediante la nanobiorremediacion del suelo, agua y la biotecnología se contribuye de forma significativa en el cuidado y protección del medio ambiente.

La nanobiotecnología aplicada es de gran utilidad a los suelos porque protege la microbiota de suelo, la presencia de la nanotecnología en el la producción agrícola potencializa la fertilidad y eficiencia de los suelos, de igual forma contribuye a mejorar las condiciones para asegurar la seguridad alimentaria de nuestras comunidades rurales y urbanas porque se producen alimentos sanos libres de elementos que afectan la salud de los campesinos y a los consumidores finales.

Las nanopartículas naturales contribuyen a que mantengamos una economía circular estable con la ayuda de todos ya que si producimos alimentos libres de tóxicos disminuiremos ciertas patologías en los seres humamos. También nos permiten disminuir la carga de elementos tóxicos tanto en suelo como el producto terminado y esta es una variable clave a la hora de exportar nuestros productos, ya que el mínimo de presencia de estos elementos pesados fuera de la norma no acarrea multas, sanciones y/o devoluciones de los mismos.

Gracias a la industria del cáñamo pudimos identificar que las plantas cuentan con un sistema endocannabinoide y que es esencial estimularlo, ya que esto nos permite mayor producción, menores rendimiento y plantas mas sanas en el proceso, ya que las nanobiotecnologias aplicadas se pueden implementar en diferentes estadios de desarrollo de los cultivos, dirigiendo las aplicaciones a las semillas, a las raíces de las plántulas a la hora del trasplante, al follaje o a la rizósfera de los cultivos ya establecidos, post cosecha y producto terminado.

Las nanopartículas o nanomicroorganismos (Microorganismos Efectivos) en los cultivos actúan de la siguiente forma:

- En las semillas, se acelera la germinación y vigor del material, a causa de las hormonas sintetizadas por los microorganismos y las nanopartículas inteligentes.
- Aumentan el desarrollo del sistema radical, generando mayor actividad en la microflora localizada en la rizósfera, que, a partir de las secreciones de las raíces, genera sustancias útiles para las plantas.
- Estimulan el crecimiento vegetal por la producción de fitohormonas, presentando las plantas un mayor vigor y desarrollo, promoviendo una abundante floración y por tanto mayor rendimiento.
- Incrementan los rendimientos y disminuyendo niveles de fertilización mineral, al permitir que los nutrientes del suelo estén en formas disponibles para ser asimilados por las plantas.

5. EL POTENCIAL DE LAS NANOPARTICULAS EN LA PRODUCCION AGRICOLA

Los centros de investigación con el tema de la acción y aplicación de las nanopartículas ya comenzaron a incursionar el uso de las nanopartículas en la agricultura porque hay una gran preocupación a nivel mundial por la tendencia de crecimiento de la población, lo cual lleva a un aumento en la demanda de alimentos y otros insumos provenientes de la producción agrícola.

La demanda de alimentos genera a los investigadores agrícolas un gran desafío frente a la producción de alimentos enfocado en cómo satisfacer las necesidades de la población mundial, solamente frente a este hecho se requiere innovar y desarrollar tecnología sostenible, soportada en las nanopartículas, para producir la cantidad y calidad de alimentos que se requiere para alimentar a toda la población que habita el planeta.

Es indispensable mejorar la producción eficiente y sostenible de los alimentos, así como también la forma de mejorar los suelos, manejar la contaminación ambiental, los productores agrícolas deben caminar por el sendero de la agricultura sostenible, por ello el uso de nanopartículas para aumentar eficiencia, productividad y sostenibilidad de la producción agrícola debe incluir además temas estratégicos en la agricultura como:

- Uso racional de pesticidas
- Fertilización de suelos
- Control de plagas y enfermedades
- Control de los nutrientes en los suelos
- Control de los nutrientes en las plantas
- Uso inteligente de agroquímicos
- Control de pesticidas
- Mejorar rendimientos de los cultivos
- Protección de semillas
- Saneamiento ambiental

Las nanopartículas y la nanotecnología pueden transformar la agricultura desarrollando herramientas innovadoras con el uso de la nanobiotecnología es posible profundizar en el conocimiento y desempeño de los cultivos con el fin de mejorar su eficiencia, rendimiento y mejorar las propiedades nutricionales de los alimentos.

Las nanopartículas también pueden llegar a neutralizar el impacto negativo causado por los insumos agrícolas sintéticos que por su origen de derivados del petróleo junto a los pesticidas y metales pesados degradan los suelos empobreciéndolos considerablemente, de acuerdo los expertos el uso de agroquímicos sintéticos se relaciona con la aparición de enfermedades en las personas como el cáncer y enfermedades en el sistema inmunológico.

El uso de las nanopartículas en la agricultura se puede ver, por ejemplo, en los avances investigativos de la Universidad de Buenos Aires[2] quienes lograron producir nanopartículas de cloruro de plata que sirven para el control de bacterias patógenas que atacan las semillas de soja. Los investigadores probaron las nanopartículas de cloruro de plata

2 Giacometti, Romina. Aplicación de bio-nanopartículas de plata. Facultad de Agronomía Universidad de Buenos Aires y Conicet. Buenos Aires, 2018. http://sobrelatierra.agro.uba.ar/el-universo-nano-prepara-su-desembarco-en-el-agro/

sobre semillas de soja y encontraron que puede ser utilizada para tratar enfermedades en los granos del cultivo oleaginoso con la gran ventaja de afectar la germinación y no detectar efectos tóxicos.

La nanociencia, la nanotecnología, las nanopartículas tienen un gran potencial en la actividad agropecuaria su aplicación con seguridad traerá grandes beneficios a la producción agrícola porque mejorará la productividad, eficiencia y sostenibilidad de los cultivos.

Figura No. 70, Uso potencial de la Nanociencia en la Agricultura

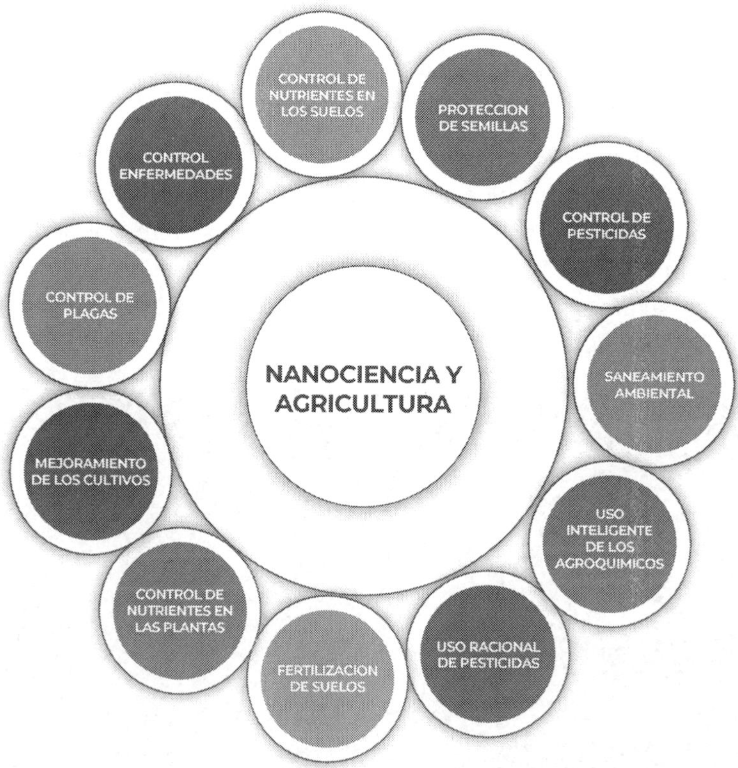

El potencial existente de las nanopartículas articulado con la biotecnología y la biorremediación generan una gran gama de oportunidades

en la actividad del sector de la agricultura, los beneficios que se pueden lograr con la combinación inteligente de las nanopartículas y la biorremediación lleva a trabajar en el mundo creativo de la nanobiorremediación.

La nanobiorremediación se entiende como el uso de organismos vivos como los microbios potencializados por la acción de las nanopartículas para eliminar sustancias o elementos contaminantes presentes en los suelos y el agua como por ejemplo la descontaminación de aguas subterráneas, lo cual significa que la acción de organismos nanobiológicos permite la eliminación de sustancias tóxicas y nocivas para los suelos y el agua.

La nanobiorremediación también se puede utilizar en la actividad agropecuaria para mejorar los perfiles de los productos agrícolas mediante el uso de organismos nanobiológicos, actividad que favorece la producción agrícola por su bajo costo.

La nanorremediación potencializa los dos tipos de biorremediación existentes como son la bioestimulación y la bioaumentación, la acción de la nanorremediación mejora la eficiencia de los productos agrícolas, la combinación inteligente de la biorremediación y las nanopartículas representan una gran contribución para la actividad agrícola por su eficiencia y bajo costo.

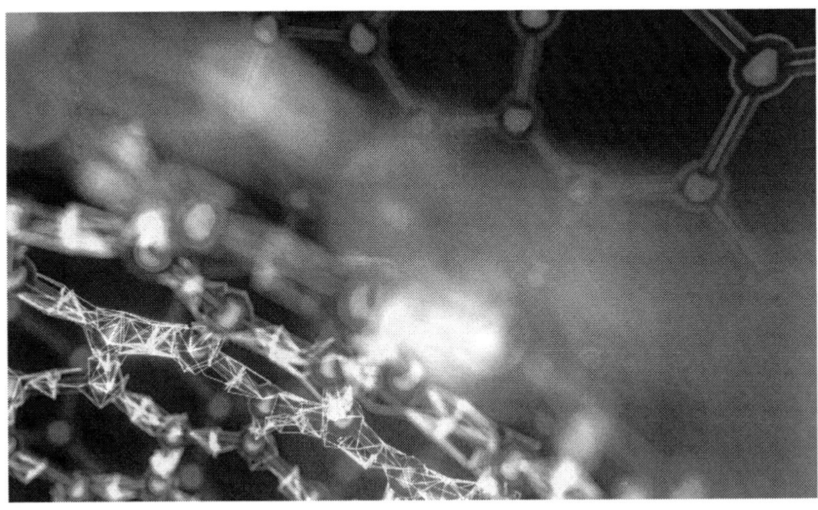

Figura No. 71, Biorremediación, Nanobiorremediación y Nanopartículas

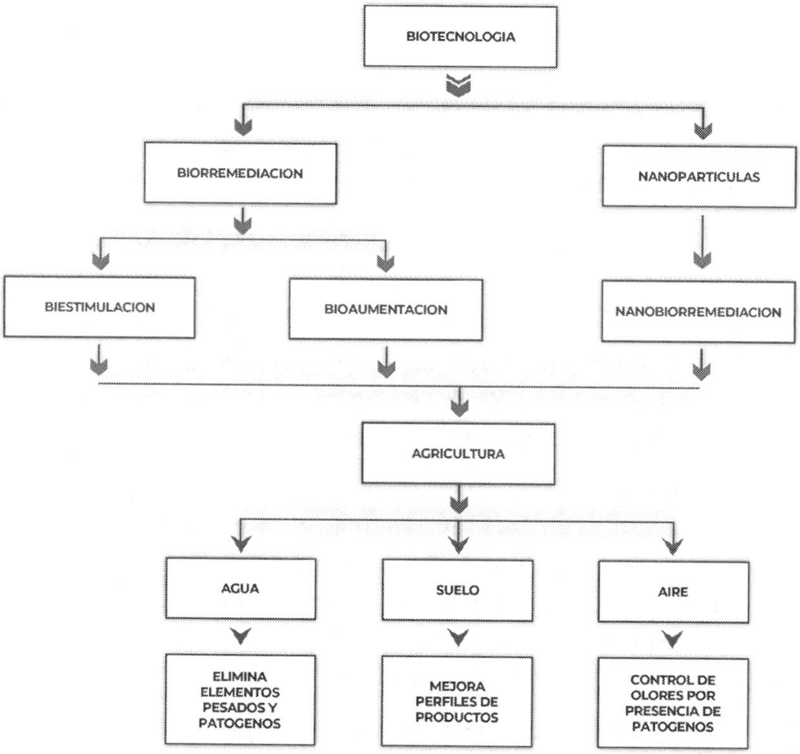

6. EL FUTURO DE LA NANOTECNOLOGIA Y LAS NANOPARTICULAS

Los avances y resultados obtenidos por la nanotecnología vislumbran el desarrollo en ciertos campos de la investigación de áreas específicas como es el caso de la nanofarmacia, la nanoinformática, la nanoenergía y un campo importante hoy día es de la protección del medio ambiente con el diseño y desarrollo de soluciones ambientales en el ámbito de la nanotecnología.

El futuro de la nanotecnología de acuerdo a la enciclopedia Concepto[3] se desarrollará en los siguientes campos de investigación:

- **Nanofarmacia:** este campo de la investigación científica se concentrará en el diseño de nanosistemas que tengan la capacidad de distribuir con alta eficiencia los compuestos activos de las medicinas con el fin de disminuir los efectos secundarios y minimizar los daños colaterales.
- **Nanoinformática:** este importante campo de investigación dedicará sus esfuerzos en la investigación a diseñar sistemas computarizados de gran potencia y con altas velocidades de procesamiento.
- **Nanotermología:** este campo de la investigación científica se concentrará en el diseño de nanomáquinas para regular de forma eficiente la temperatura local.
- **Nanoenergía:** es un tema de mucha importancia por el asunto del cambio climático, la contaminación ambiental y la producción de energía limpia que han generado una crisis energética, por lo tanto, este campo de la investigación se concentrará en encontrar la forma de producir energía en condiciones de eficiencia, seguridad y de bajo impacto ambiental.
- **Nanocirugías:** en este campo de investigación se desarrollarán micro robots con quienes se espera puedan llevar a cabo microcirugías sin abrir al paciente, simplemente inyectándolo dentro del cuerpo mediante una pequeña aguja.
- **Soluciones Ambientales:** la investigación orientará sus esfuerzos al diseño de sistemas nanotecnológicos que permitan la eliminación de residuos peligrosos.
- **Nanovacunas:** la investigación científica orientará sus esfuerzos para crear sistemas de protección ante enfermedades basados

3 EnciclopediaConcepto.https://concepto.de/nanotecnologia/#ixzz7hoFmRQQ2

en la introducción de nanosistemas al organismo que permitan asistir al sistema inmunológico en la lucha contra todo tipo de enfermedades.

- **Nanotratamientos para enfermedades:** la investigación se focalizará en encontrar soluciones nanotecnológicas que permitan curar el cáncer, el sida, el alzhéimer, etc.
- **Reprogramación genética:** la comunidad científica orientará su trabajo de investigación a la construcción de nanorobots que permitan modificar ADN y eliminar de manera paulatina los genes portadores de enfermedades congénitas, de deficiencias y otros males.
- **Nanorremediación:** La investigación se orienta hacia el uso de la biorremediación y las nanopartículas para eliminar productos tóxicos en el suelo y el agua, la nanorremediación es el empleo de microorganismos (hongos, bacterias) o plantas con el fin de tratar los metales y contaminantes orgánicos, transformándolos en sustancias no tóxicas o con toxicidad reducida.

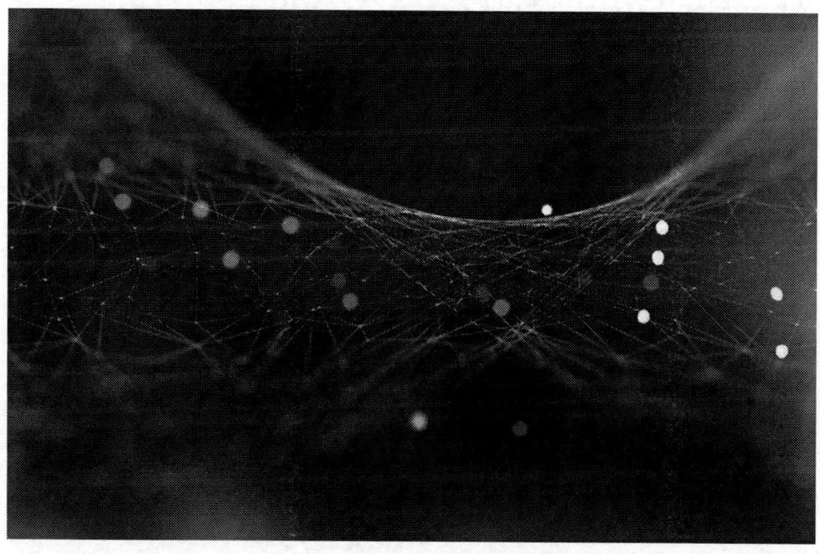

Figura No. 72, Áreas de Desarrollo de nuevos campos de Investigación con Nanotecnología y Nanopartículas

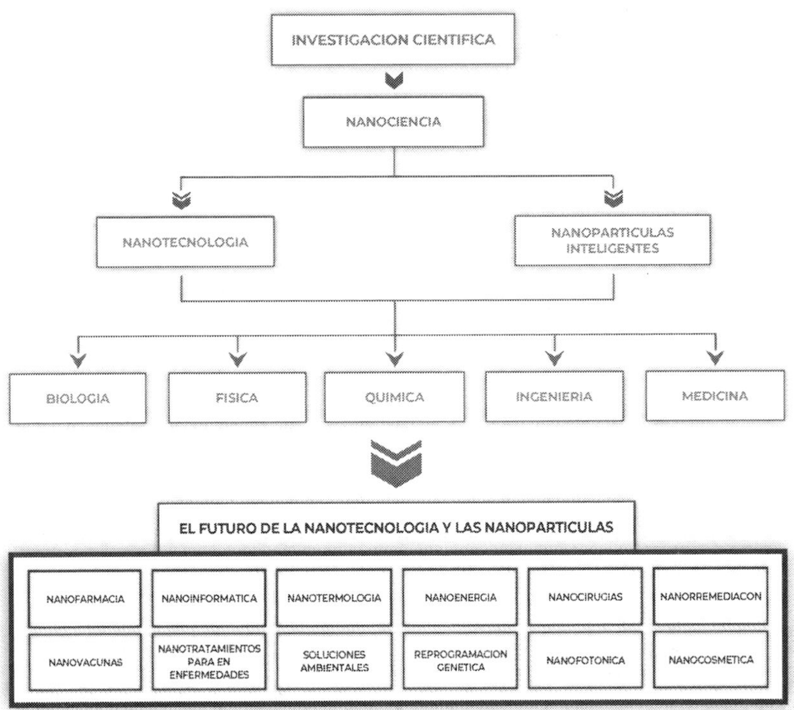

Capitulo 10

INTELAAGRO UNA ORGANIZACIÓN EMPRESARIAL TECNOLOGICA AL SERVICIO DEL CAMPO CON ENFOQUE SOSTENIBLE

1. INTELAAGRO S.A.S. CON VISION EMPRESARIAL SOSTENIBLE

IntelaAgro S.A.S. tiene como propósito desarrollar un modelo de negocio sostenible en el que se propone ofrecer a sus clientes, del sector agrícola, un servicio especializado con alto contenido de conocimiento, tecnología, tratamiento científico de la información e inteligencia artificial con el objeto de mejorar la eficiencia, promover la sostenibilidad, productividad y rentabilidad en las actividades de producción agrícola.

Figura No. 73, Qué Ofrece IntelaAgro a sus Clientes en el Mercado de Producción Agrícola

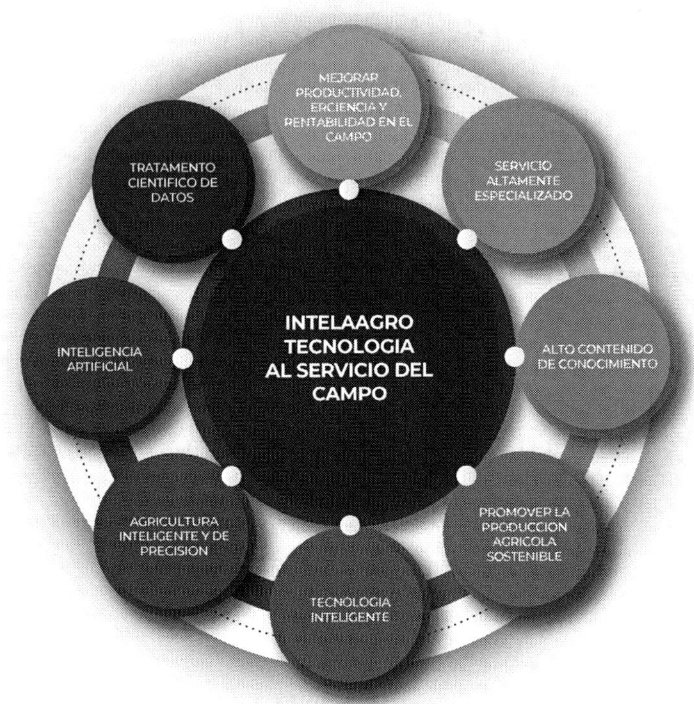

IntelaAgro S.A.S. busca sembrar con sus clientes, con las comunidades rurales y con los grupos de interés un espíritu de construcción colectiva, con la participación de todos, para impulsar el desarrollo rural para mejorar su calidad de vida en condiciones incluyentes, justas y equitativas.

IntelaAgro S.A.S. busca contribuir a la construcción de una cultura empresarial agrícola que utilice y saque provecho de la ciencia y la tecnología para mejorar sus estándares de calidad, productividad y eficiencia de su actividad de producción agrícola al máximo, mediante el tratamiento científico de la información, la gestión del conocimiento y la inteligencia artificial.

IntelaAgro S.A.S. busca contribuir a la construcción de sociedad mediante la reconstrucción del tejido social en las comunidades rurales con un profundo énfasis en el desarrollo humano integral, con el fin de avanzar en la armonía social y la sana convivencia de los ciudadanos colombianos que habitan en las áreas rurales.

Figura No. 74, Qué Busca IntelaAgro en su Actividad Económica en el Campo

Con estos propósitos claros y contundentes se constituye la organización empresarial IntelaAgro S.A.S. porque la empresa, en particular, y el sector privado en general, en nuestro país, serán claves para hacer frente a los desafíos que trae consigo la pos pandemia en materia de desarrollo económico y social, creación de fuentes de trabajo dignos y la consolidación de la armonía social.

IntelaAgro S.A.S. tiene la profunda convicción que para que el futuro de Colombia sea sostenible, la actividad empresarial debe jugar un papel fundamental, su rol debe ir más allá de su función económica en la sociedad, es decir, debe asumir y adquirir nuevos roles, especialmente en lo social y ambiental, porque al tener la empresa una función social se está construyendo una sociedad sostenible con armonía social, sana convivencia, solidaria y equitativa.

IntelaAgro S.A.S. desarrollará su actividad en el entorno, filosofía y principios de la bioeconomía circular, la tecnología amigable con el medio ambiente y la sostenibilidad, este carácter de gran alcance, genera un compromiso de construir una cultura corporativa sustentada en el buen gobierno, la ética empresarial, el desarrollo humano integral y combinar de forma inteligente, equitativa y equilibrada la gestión del talento humano, la gestión financiera y la gestión de los recursos naturales renovables con el fin de generar valor agregado a la sociedad rural agrícola, aumentar la productividad y competitividad mediante la innovación, articulación y cooperación para asegurar bienestar social, calidad de vida y que con el trabajo se potencie la protección de los recursos naturales y la sostenibilidad del país y del planeta.

IntelaAgro S.A.S. tiene la profunda convicción que en el entorno de empresas sostenibles el progreso y desarrollo se procura en el sentido de satisfacer las necesidades del presente de la sociedad sin comprometer la capacidad de satisfacer las necesidades de las generaciones futuras, lo cual significa que bajo esta perspectiva se debe trabajar por un desarrollo en unas condiciones en las que haya un justo equilibrio entre el crecimiento económico sostenible, el uso óptimo de los recursos naturales renovables, el cuidado de los bosques y el progreso integral humano, social y ambiental de las comunidades rurales campesinas.

En la medida que IntelaAgro S.A.S. trabaje y promueva los principios de sostenibilidad se van a generar oportunidades en el mercado porque esta condición aporta valor agregado a todos los grupos de interés vinculados con la cadena de valor de los servicios ofrecidos por IntelaAgro S.A.S. en el sector de la producción agrícola.

Figura No. 75, Principios Empresariales en los que Trabaja IntelaAgro

El trabajar en el entorno de las empresas sostenibles genera ventajas competitivas para IntelaAgro S.A.S. porque hay una gran preocupación por parte del Estado, la sociedad civil y la empresa privada por la protección y preservación de los recursos naturales, además a nivel global existen empresas que tienen identidad alrededor del tema de crecimiento empresarial y económico, pero en términos de sostenibilidad, situación que abre oportunidades de negocios a nivel nacional e internacional.

IntelaAgro S.A.S. tiene la seguridad que cuando se presenta empatía empresarial se puede presentar una sinergia interesante entre las empresas que son afines a los principios de la bioeconomía, las empresas sostenibles, trabajar en términos de gestión eficiente de los recursos naturales renovables, el desarrollo social y económico sostenible, el buen gobierno; la paz y armonía social generan oportunidades de negocios, de trabajo articulado, de intercambio de conocimientos, en fin genera oportunidades económicas interesantes entre todos los agentes, actores y grupos de interés involucrados en el tema.

2. INTELAAGRO TECNOLOGÍA AL SERVICIO DEL CAMPO

La organización empresarial IntelaAgro S.A.S. tiene en sus cimientos de cultura corporativa el principio de trabajar con todo su potencial organizacional de conocimiento, investigación, tecnología e innovación con todos los recursos disponibles al servicio del campo y del campesino, es un propósito con el cual se busca contribuir a generar condiciones en el campo para que las comunidades rurales agrícolas campesinas mejoren sus condiciones de vida y su territorio avance por el camino del progreso y bienestar.

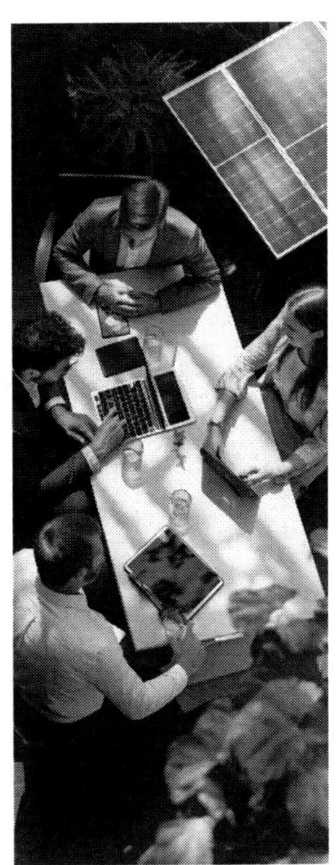

Los socios propietarios de IntelaAgro S.A.S. tienen una gran convicción y compromiso de trabajar por el bienestar de los productores agrícolas porque ven en la producción agrícola sostenible el futuro de Colombia por las grandes ventajas comparativas y competitivas que tiene Colombia, tiene disponibles grandes extensiones de tierra fértil para la agricultura, por esta razón venque el futuro de Colombia está en la producción agrícola en el campo.

La tecnología, la gestión del conocimiento, la investigación y la innovación con seguridad contribuirán de forma importante en darle un gran impulso a mejorar la producción agrícola en condiciones de gestión optima de los recursos naturales renovables, aumento de los rendimientos en la producción, mayor eficiencia de los cultivos y mejor rentabilidad de la actividad agrícola sostenible en el campo colombiano.

La empresa IntelaAgro S.A.S. tiene en su ADN empresarial trabajar con sus clientes y los grupos de interés en el avance sostenible del campo colombiano proporcionándole herramientas tecnológicas que les permita realizar una actividad agrícola de producción sostenible, productiva y rentable, de tal forma que mejore la calidad de vida de las comunidades agrícolas campesinas y fortalezcan la economía rural agrícola y la estructura económica del país.

IntelaAgro S.A.S. es una empresa comprometida con la transformación productiva y sostenible del campo colombiano, este compromiso y motivación ha impulsado a IntelaAgro a trabajar arduamente en el desarrollo de conocimiento y herramientas tecnológicas que le permitan contribuir a la transformación incluyente, productiva, rentable y sostenible del campo.

3. INTELAAGRO UNA EMPRESA QUE GENERA VALOR AGREGADO AL CAMPO

La meta de IntelaAgro S.A.S con su portafolio tecnológico de servicios es generar un importante valor agregado a sus clientes, a las comunidades productoras agrícolas, a las comunidades agrícolas campesinas, a la sociedad agrícola rural y a la sociedad en general, las organizaciones empresariales cumplen una función social, en la actividad económica que desempeñan en la estructura económica de la sociedad, su rol empresarial le exige que participe activamente en la construcción de sociedad con aportes que van desde lo económico, social, corporativo, tecnológico, el conocimiento, lo cultural hasta lo ambiental.

La empresa IntelaAgro S.A.S nace con la aplicación de la tecnología, la inteligencia artificial, la agricultura de precisión, la agricultura inteligente, el tratamiento científico de datos y otras herramientas tecnológicas en el cultivo de cáñamo para uso industrial, mediante una alianza estratégica empresarial con Hemp Company CBD S.A.S. se acordó utilizar la plataforma tecnológica de Global Primex, socio tecnológico mexicano, con el propósito de:

- Aumentar la eficiencia del cultivo de cáñamo,
- Mejorar el rendimiento de la producción de biomasa de cáñamo,
- Mejorar la rentabilidad de la producción agrícola de cáñamo,
- Controlar los diferentes procesos productivos involucrados en la cadena de valor del cáñamo,
- Hacer el seguimiento en tiempo real de los procesos de producción del cultivo de cáñamo,
- Llevar un registro georreferenciado de la trazabilidad del cáñamo del lugar de donde procede la biomasa de cáñamo, ya sea por lote o por planta con equipos tecnológicos.
- Aumentar la rentabilidad del negocio de producción agrícola

La forma estructurada como IntelaAgro S.A.S genera valor agregado con su trabajo y servicios ofrecidos al mercado se muestra en la Gráfica No. 74, en la "Matriz de Valor Agregado que Genera IntelaAgro", en dicha Matriz se aprecian los ejes estructurales sobre los cuales se crea valor, estos ejes son los siguientes:

- Bioeconomía
- Tecnología,
- Sostenibilidad, Inclusión Social,

- Investigación,
- Desarrollo Regional.

Sobre los ejes estructurales enumerados anteriormente y el cultivo de cáñamo para uso industrial, se ha realizado la gestión de conocimiento de IntelaAgro y construido una serie de libros que soportan todos los recursos intelectuales con los que hoy dispone la empresa. Esta actividad intelectual representa para IntelaAgro S.A.S un valioso capital intelectual, con el cual se genera una estrategia de marketing inteligente con el fin de abrirse espacio y posicionarse estratégicamente en el mercado de producción agrícola.

La actividad de IntelaAgro S.A. le permitirá al sector de producción agrícola avanzar en su proceso de fortalecimiento como sector importante de la agricultura y al mismo tiempo se consolida y fortalece el sector de la industria de cáñamo con fines industriales, en la medida que crezcan el sector de la industria agrícola y la industria de cáñamo la estructura económica del país se fortalece y se garantiza un crecimiento económico, social y ambiental sostenible de Colombia.

Figura No. 76, Principios Empresariales en los que Trabaja IntelaAgro y la Alianza Estratégica Empresarial

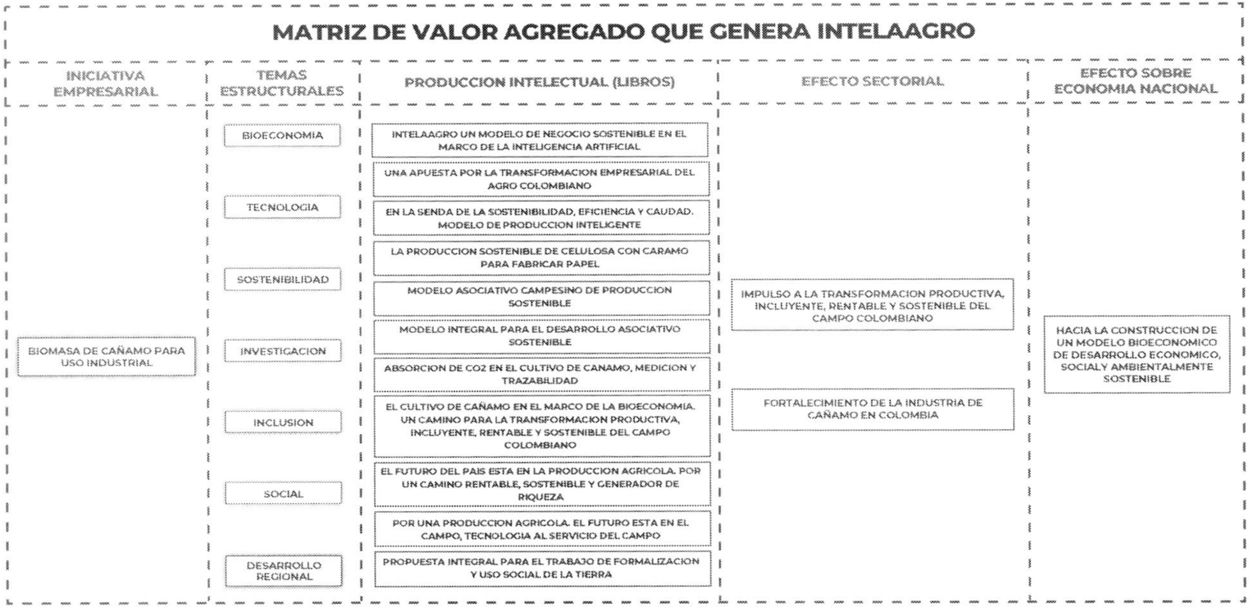

MATRIZ DE VALOR AGREGADO QUE GENERA INTELAAGRO

INICIATIVA EMPRESARIAL	TEMAS ESTRUCTURALES	PRODUCCION INTELECTUAL (LIBROS)	EFECTO SECTORIAL	EFECTO SOBRE ECONOMIA NACIONAL
BIOMASA DE CAÑAMO PARA USO INDUSTRIAL	BIOECONOMIA TECNOLOGIA SOSTENIBILIDAD INVESTIGACION INCLUSION SOCIAL DESARROLLO REGIONAL	INTELAAGRO UN MODELO DE NEGOCIO SOSTENIBLE EN EL MARCO DE LA INTELIGENCIA ARTIFICIAL UNA APUESTA POR LA TRANSFORMACION EMPRESARIAL DEL AGRO COLOMBIANO EN LA SENDA DE LA SOSTENIBILIDAD, EFICIENCIA Y CAUDAD. MODELO DE PRODUCCION INTELIGENTE LA PRODUCCION SOSTENIBLE DE CELULOSA CON CARAMO PARA FABRICAR PAPEL MODELO ASOCIATIVO CAMPESINO DE PRODUCCION SOSTENIBLE MODELO INTEGRAL PARA EL DESARROLLO ASOCIATIVO SOSTENIBLE ABSORCION DE CO2 EN EL CULTIVO DE CANAMO, MEDICION Y TRAZABILIDAD EL CULTIVO DE CAÑAMO EN EL MARCO DE LA BIOECONOMIA. UN CAMINO PARA LA TRANSFORMACION PRODUCTIVA, INCLUYENTE, RENTABLE Y SOSTENIBLE DEL CAMPO COLOMBIANO EL FUTURO DEL PAIS ESTA EN LA PRODUCCION AGRICOLA. POR UN CAMINO RENTABLE, SOSTENIBLE Y GENERADOR DE RIQUEZA POR UNA PRODUCCION AGRICOLA. EL FUTURO ESTA EN EL CAMPO, TECNOLOGIA AL SERVICIO DEL CAMPO PROPUESTA INTEGRAL PARA EL TRABAJO DE FORMALIZACION Y USO SOCIAL DE LA TIERRA	IMPULSO A LA TRANSFORMACION PRODUCTIVA, INCLUYENTE, RENTABLE Y SOSTENIBLE DEL CAMPO COLOMBIANO FORTALECIMIENTO DE LA INDUSTRIA DE CAÑAMO EN COLOMBIA	HACIA LA CONSTRUCCION DE UN MODELO BIOECONOMICO DE DESARROLLO ECONOMICO, SOCIAL Y AMBIENTALMENTE SOSTENIBLE

4. INTELAAGRO PRESENTA A LA COMUNIDAD AGRICOLA SU PRODUCCIÓN INTELECTUAL

A lo largo de los años 2022, 2023 y 2024 para IntelaAgro S.A.S. ha realizado una inversión de recursos económicos, tecnológicos e intelectuales importantes, han sido años de producción de conocimiento, experimentación, investigación, desarrollo, producción intelectual y de consolidación de capital intelectual de la empresa, la gestión del conocimiento es el pilar sobre el cual la empresa ha desarrollado su actividad durante estos años, el resultado se expresa en los libros elaborados, ellos representan el fortalecimiento del capital intelectual de la empresa y la contribución de IntelaAgro en el mercado de producción agrícola.

La empresa IntelaAgro S.A.S. junto a la alianza empresarial estratégica con Sostenibilidad & Desarrollo Latam S.A.S. y Hemp Company S.A.S., tenemos el propósito de contribuir al progreso de la producción agrícola, el desarrollo rural y el fortalecimiento del aparato productivo agrícola del país, a continuación, se presenta la construcción de conocimiento alcanzada por IntelaAgro a la fecha.

Sobre el autor

Fernando Casas Celis

Desde hace más de 35 años, el emprendimiento empresarial, la investigación, la pasión por lo ambiental, y el interés de aportar en la construcción de una sociedad basada en principios éticos y sociales que promuevan un desarrollo multidimensional de las poblaciones más vulnerables, han direccionado la formación e incursión del Ingeniero Fernando Casas Celis en diferentes áreas del conocimiento.

En los últimos años viene trabajando en proyectos de Dirección empresarial desde la innovación y la internacionalización, en áreas de agricultura de precisión, agricultura inteligente, Inteligencia Artificial, data science, herramientas tecnológicas, desarrollo sostenible y bioeconomía, impulsando como cofundador el desarrollo de las empresas: IntelaAgro S.A.S, Sostenibilidad y Desarrollo Latam S.A.S. y Hemp Company para la producción industrial de cáñamo con el propósito de contribuir al proceso de transformación productiva del campo colombiano.

De forma particular como cofundador y gerente de IntelaAgro trabaja en la construcción de sinergias empresariales y asociaciones público-privadas para lograr que, a través de la producción industrial de cáñamo se materialice la construcción de una ruta incluyente, rentable y sostenible de desarrollo de las comunidades rurales agrícolas campesinas, con externalidades positivas como la mitigación del impacto generado por el cambio climático.

Si bien uno de los ejes permanentes en la vida del ingeniero Fernando Casas ha sido el rigor por su formación especializada, en varios países del mundo y en diferentes áreas del conocimiento, este rigor se contrasta con la simplicidad y claridad del lenguaje que caracteriza sus publicaciones, haciéndolas asequibles y profundas en los mensajes que transmite.

De las numerosas publicaciones desarrolladas en el transcurso de su vida profesional, en esta área particular del conocimiento, vale la pena destacar sus publicaciones más recientes:

"**Absorción del CO_2 en el cultivo de cáñamo**. Medición y trazabilidad"

"La producción sostenible de celulosa con cáñamo para fabricar papel. Articulación de empresa privada con políticas públicas potencializa el desarrollo integral de comunidades campesinas"

"**Modelo asociativo campesino de producción sostenible**. Por una producción agrícola incluyente, rentable y sostenible"

"**Una propuesta integral para el trabajo de formalización y uso social de la tierra**. Tecnología al servicio de la gestión de tierras y del campo"

"**El futuro del país está en la producción agrícola**. Por un campo rentable y sostenible generador de riqueza"

"**Por una producción agrícola sostenible**. El futuro está en el campo, tecnología al servicio del campo"

"**IntelaAgro S.A.S.: un modelo de negocio sostenible en el marco de la inteligencia artificial y la producción agrícola**"

Desde el compromiso que actualmente adelanta, como CEO de IntelaAgro S.A.S., por encontrar formas de contrarrestar los efectos del cambio climático se encuentra en su fase final de desarrollo, con su socio estratégico Global Primex, una herramienta tecnológica que contribuye a medir con mayor precisión la cantidad de CO_2 que absorben los cultivos móviles como el cultivo de cáñamo.